말재주

말재주

초판 1쇄 인쇄 | 2019년 5월 7일

초판 1쇄 발행 | 2019년 5월 15일

지은이 | 판홍성 **옮긴이** | 김경숙 **펴낸이** | 전영화 **펴낸곳** | 다연

주소 | (10477) 경기도 고양시 덕양구 은빛로 41, 502호

전화 | 070-8700-8767 **팩스** | (031) 814-8769 **이메일** | dayeonbook@naver.com

본문 | 미토스 **표지** | 디자인 [연;우]

ⓒ 다연

ISBN 979-11-87962-43-4 (03320)

※ 잘못 만들어진 책은 구입처에서 교환 가능합니다.

이 도서의 국립중앙도서관 출판예정도서목록(CIP)은 서지정보유통지원시스템 홈페이지(http://seoji.nl.go.kr)와
국가자료공동목록시스템(http://www.nl.go.kr/kolisnet)에서 이용하실 수 있습니다.
(CIP제어번호 : CIP2019017768)

말 한마디로 상대의 마음을 사로잡는

말 재 주

판흥성 지음 | 김경숙 옮김

다연
DAYEONBOOK

말재주는 하나의 기술이자 예술이다. 적절한 말은 운명을 변화시키지만, 부적절한 말은 인생을 망친다. 말재주가 뛰어난 이는 평범하고 일상적인 화제로도 사람들을 매료시킨다. 반면, 말재주가 없는 이는 그 내용이 아무리 좋아도 사람들을 따분하게 만든다. 말재주가 뛰어난 사람이 제시하는 의견은 단번에 통하지만, 말재주가 없는 사람은 대화를 나눌 상대조차 없다. 혹자는 말한다.

"제아무리 멋진 팔다리를 가지고 있어도 제대로 된 입만 못하다."

말재주가 뛰어난 사람은 확실히 멋진 팔다리를 지닌 사람보다 더 큰 가치를 창조한다. 미국의 한 인류행동과학 연구자는 이렇게 단언한다.

"성공한 사람에게 일어난 기적 중에서 적어도 그 절반은 말재주가 만들어낸 것이다."

그 옛날 전국 시대 때 소진은 여러 나라를 돌아다니며 설득하여 전쟁을 일으키지 않고도 상대를 굴복시켰고, 삼국 시대 때 공명은 말로 다수의 의견을 제압하고 다스렸다. 근대에 이르러, 많은 지도자가 국난에 빠졌을 때 나라를 구해야 한다는 애국의 도리를 말로써 널리 전했다. 그리고 오늘날, 비즈니스계의 수많은 리더가 열정적인 강연을 통해 그 재능을 드러낸다. 이는 모두 말재주를 통해 실현된 것이다. 즉, 말재주는 개인의 종합적인 소질과 지혜를 드러내는 수단이라고 할 수 있다. 그러므로 말재주를 훈련하면 자신의 이미지와 사교 능력을 향상시킬뿐더러 업무 실적을 올리고 사업을 성취할 수 있다.

말재주가 있으면 천하를 평정할 수 있고, 반대로 말재주가 없으면 역경에 처한다. 그렇다면 말재주를 이용해 입사 면접에서 당신을 채용하도록 면접관의 마음을 움직일 수 있을까? 일상 업무에서 당신의 의견을 지지하도록 상사, 동료, 부하 직원의 마음을 움직일 수 있을까? 협상 테이블에서 당신과 기꺼이 협력하도록 비즈니스 파트너의 마음을 움직일 수 있을까? 당신의 제품을 구입하도록 고객의 마음을 움직일 수 있을까? 답을 하자면 그렇다. 정말 당신이 뛰어난 말재주를 갖췄다면 이 모든 일에 다 성공할 수 있다.

에이브러햄 링컨은 말했다.

"말재주는 사교에서도, 사업에서도 필요하다. 말재주가 없는 사람은 의심할 여지가 없는 실패자다."

링컨의 말은 실제 삶에서 여실히 증명된다. 말재주가 뛰어난 사람은 상대의 호감을 얻을 뿐만 아니라 마치 물 만난 고기처럼 하는 일마다 성취를 이룬다. 반면, 자신의 의견을 표현하는 데 서투르고 언변이 굼뜬 사람은 종종 손해를 보고 심지어 실패하기도 한다. 따라서 말재주는 사회생활을 하는 데 편리한 도구다. 이 유용한 도구를 통해 우리는 더 많은 성과를 얻을 수 있고 빛나는 미래를 손에 넣을 수 있다. 당신이 일련의 효과적인 대화 기술을 익힌다면, 처음 대화를 나누는 상대에게도 확실한 소통 효과를 이끌어내어 만족할 만한 수확을 얻을 수 있다.

말재주가 지닌 위력과 가치는 상상을 초월한다. 뛰어난 말재주를 갖추면 훨씬 수월하게 인생길을 전진할 수 있다. 고도의 말하기 기술과 지혜를 파악하면 다양한 상황에 능숙하게 대처할 수 있기 때문인데, 이는 그야말로 성공의 문을 여는 '황금열쇠'라 할 수 있다. 이 사회에 발붙이고 살겠다면 반드시 뛰어난 말재주를 갖춰야 한다. 그래야만 진정한 승자가 될 수 있다.

이 책은 풍부한 기교, 실용적인 방법을 통해 말재주를 기르는 비결을 알기 쉽게 설명한 실용서다. 이 책이 당신의 인생에 실질적인 도움이 되기를, 당신의 말재주를 한층 더 업그레이드하고 인간관계를 확장시켜주기를 바란다.

Chapter 3
마음과 말을 결합시킨 대화술로
상대에게 마음을 전하라

Chapter 4
직장에서의 인간관계,
언어가 지닌 매력을 이용해 영향력을 강화하라

Chapter 5
능숙한 말솜씨로
고객의 마음을 사로잡아라

Chapter 6
절묘한 말로
협상에서 주도적인 위치를 차지하라

Chapter 7
재치 있는 말로
가벼운 교제 분위기를 조성하라

Chapter 8
사람들에게 사랑받는
달변가 되는 법

말
재
주

Chapter 1
상대에게
깊은 인상을 남기는 말,
'처음 뵙겠습니다.'

미소하면
상대의 마음을
더 쉽게 사로잡을 수 있다

인류 공통의 언어가 하나 있으니, 바로 '미소'다. 매력적인 미소는 주위 사람들에게 긍정적인 영향을 주어 일하는 과정에서 인간관계를 더욱 조화롭게 만들어준다.

진실하고 자연스러운 미소는 사람을 매력적으로 변화시키는데, 사람들의 마음에 자신감과 안정감을 심어준다. 미소 짓는 사람은 적극적이고 긍정적인 에너지를 뿜어낸다. 이들은 인간관계를 더욱 친밀하게 만들어 진실한 소통을 가능케 한다.

미소에는 저항할 수 없는 매력이 있다. 어느 학자는 "다른 사람에게 미소를 보내는 것은 고결한 사교 기교 중 하나이며 반드시 행복을 얻게 해주는 행위이다. 그렇기에 사람은 바쁘게 살아가면서도 미소를 짓지 않을 수 없는 것"이라고 말했다. 미소는 인류가 지을 수 있는 가장 감동적인 표정이며 사회생활 속에서 볼 수 있는 아름다운 무성의 언어이다. 미소는 선량과 관용, 사심 없는 마음에서 비롯되며 거리낌 없고 너그러운 마음을 드러내는 표현의 일종이다. 미소는 성공한 이들의 자신감이며, 인간관계에서 적을 친구로 만드는 묘책이라 할 수 있다.

요컨대 미소는 사교에서 가장 유력한 무기다. 사교의 주인공이 되고 싶다면 미소를 확실히 익혀야 한다. 가장 보편적 언어인 가벼운 미소는 서로의 거리를 좁혀준다. 이렇게 미소를 통해 가까워지면 당신과 타인의 영혼이 서로 교류하면서 위안을 얻을 수 있다.

새로 개통한 고속열차의 승무원 장팡은 담배를 피우려는 남자 승객과 마주쳤다. 장팡은 미소를 지으며 승객에게 말했다.

"고객님, 안녕하십니까? 우리 열차에서는 금연입니다."

그녀의 말에 승객은 담배를 바로 집어넣었다. 그러나 장팡이 자리를 뜨고 얼마 지나지 않아 승객은 다시 담배를 꺼냈고, 이번엔 불까지 붙였다.

그녀는 재차 승객 앞에서 미소를 지으며 말했다.

"고객님, 안녕하십니까? 우리 열차에서는 금연입니다!"

승객은 그녀를 한 번 노려보더니 담배를 비벼 껐다.

한 시간쯤 지났을 무렵, 장팡은 열차 연결 통로에서 아까 그 승객이 담배를 꺼내는 것을 목격했다. 그녀는 화가 치밀었지만 여전히 미소 띤 얼굴로 승객에게 말했다.

"고객님, 죄송합니다만 우리 열차에서는 금연입니다. 양해해주십시오."

그러자 승객이 화를 내며 물었다.

"정말 이해할 수가 없네. 도대체 왜 열차에서 담배를 피우면 안 된다는 겁니까? 나도 기차를 한두 번 타본 게 아니고, 탈 때마다 담배를 피웠다고요. 그런데 왜 이렇게 귀찮게 합니까?"

장팡은 여전히 미소 띤 얼굴로 승객에게 대답했다.

"우리 열차는 기존 열차와는 다소 다른 부분이 있습니다. 우리 열차는 매우 빠른 속도로 운행하고 있기 때문에 자칫 담뱃재가 튈 위험이 있습니다. 그러니 양해해주시기 바랍니다."

그녀가 여전히 미소 띤 얼굴로 설명하자 그는 마지못해 대답했다.

"알겠어요. 이제 진짜로 피우지 않겠습니다."

"협조해주셔서 감사합니다."

장팡은 계속 미소를 띤 채 대답했다.

만약 승객이 짜증을 냈을 때 장팡이 무표정한 얼굴로 응대했다면 어떻게 되었을까? 위 사례의 설득 과정을 통해 우리는 다음과 같은 사실을 쉽게 발견할 수 있다. 장팡은 승객의 태도에 상관없이 시종일관 미소를 지으며 응대했다. 미소로써 상대방이 권고를 받아들이게 만든 것이다.

미소는 화해를 모색하는 일종의 무기다. 미소는 상대방의 노기를 막아주고 공격을 저지한다. 미소는 마치 봄바람과도 같아 꽁꽁 언 마음의 얼음을 녹이고, 이슬처럼 오랫동안 가물었던 마음의 밭을 촉촉하게 적신다. 얼굴에 드러나는 고결한 표정 미소는 온화하고 향기로우며 사람을 기쁘게 만든다. 일상사에서 미소에 인색하지만 않다면 대부분의 일이 원하는 대로 순조롭게 풀릴 것이다. 미소가 당신의 우호적인 태도, 겸손, 우정을 갈망하는 아름다운 감정을 드러내주기 때문이다. 또한 미소는 타인에 대한 이해, 관용, 신임을 나타내는 신호다.

어느 시인은 다음과 같이 노래했다.

'당신이 필요하다면 나의 빵을 가져가도 좋고, 나의 공기를 가져가도 좋다. 다만 미소만은 가져가지 마라. 우리의 삶에는 미소가 필요하고, 미소가 있어 비로소 삶은 더욱 활력을 띠기 때문이다.'

분명 우리에게는 미소가 필요하다. 미소는 상대방과 가까워지기 위해 당신이 보내는 가장 좋은 소개장과 같다. 미소를 띤 표정은 진심과 선의의 상징이며 다른 사람을 기쁘게 하는 좋은 이미지다. 동시에 흥미와 호감을 일으키는 촉매제다.

처음 만났을 때
격식에 맞게
자기소개를 해야 한다

일상생활에서나 일을 할 때 사람과 사람 사이에는 소통이 필요하다. 이로써 상호 이해와 도움, 지지를 모색할 수 있다. 자기소개는 가장 흔한 타인과의 소통방식이며, 이해를 증진시키고 관계를 구축하는 초석이다.

때로 자기소개의 내용은 매우 간단해서 성명, 신분, 목적, 요구 등만 밝혀도 된다. 예컨대 건축 회사의 구매 담당자가 어느 제강소에서 철강재를 구입한다고 치자. 구매 담당자는 제강소의 공급 및 판매 담당 부서에 들어가 처음 본 직원에게 이야기를 건넨다.

"안녕하십니까? 저는 A 건축사 구매 담당자입니다. 귀사에서 라운드 스틸을 구매하려고 하니 좀 도와주십시오."

그러면서 소개장을 꺼낸다. 소개장을 받은 직원이 대답한다.

"저는 리라이신입니다. 공장에서 판매를 담당하고 있습니다. 앉아서 이야기를 나누실까요?"

이렇게 간단한 자기소개가 오가면서 철강재 무역의 문이 열리고, 교섭이 시작된다.

'단도직입적인 대화'는 서툴러 보이지만 자기소개에서 가장 흔히 쓰는 방법이다. 적당한 어구를 선택해서 간단명료하게 자신의 이름, 성격, 특색, 좋아하는 것 등의 내용을 전부 혹은 부분적으로 상대방에게 직접 드러내는 것이다. 소박한 말에 담긴 특징 내용은 타인에게 비교적 깊은 인상을 남길 수 있다.

첫 만남에서의 자기소개는 낯선 상대와 자신을 잇는 소통의 다리가 되어준다. 소통의 고수들은 낯선 사람과 이야기를 나눌 때 자기소개를 잘 이용하면 상대의 호감을 얻을 수 있음을 알고 있다.

새로 입사한 양리쥔은 우선 상사인 왕 팀장에게 인사를 하러 갔다. 면접을 볼 때 몇 차례 만났기에 두 사람은 면식이 있었다. 왕 팀장은 업무부서에 그녀를 데려가서 모두에게 새로운 동료라고 소개해주었다. 그리고 양리쥔에게 자기소개를 하라고 했다.

양리쥔은 미소 띤 얼굴로 사방을 둘러본 다음 입을 열었다.

"안녕하세요! 저는 양리쥔이라고 합니다. 사실 우리는 몇 년이나 같이 일한 동료나 마찬가지입니다!"

그러자 모두의 얼굴에는 아리송한 표정이 떠올랐다. 양리쥔은 재차 입을 열었다.

"만약 삼 년 전 어느 날, 좀도둑이 제 휴대전화를 훔쳐가지 않았더라면 저는 이 회사의 면접 연락을 받았을 것이고 분명 면접시험에 응했을 것입니다. 어쩌면 지금보다 몇 년 빨리 여러분의 동료가 되었을지도 모르지요. 그렇지 않나요?"

직원들은 모두 크게 웃었다. 양리췬은 그 기세를 타서 사람들에게 간단히 자기소개를 했고 잘 부탁한다는 말을 남겼다.

자기소개는 자신을 '분명하게 드러내는 행동'이며 사람들의 평가는 여기서부터 시작된다. 어떤 의미에서 보면 자기소개는 사교 활동의 열쇠라 할 수 있다. 이 열쇠를 잘만 운용하면 앞으로 당신의 일은 더욱 순조로워진다. 반대로 잘못 운용하여 좋지 않은 첫인상이 형성되면 앞으로 곤란해질 것이다. 그렇다면 자기소개는 어떻게 해야 할까?

첫째, 내용에 주의하라.

자기소개의 내용에는 통상적으로 본인의 이름, 연령, 출신지, 학력, 경력, 장점, 흥미 등이 포함된다. '자신의 모든 것을 전부 내보일 것인가' 여부는 교제 목적, 장소, 기한, 상대방의 요구 등을 바탕으로 적절히 판단해야 한다. 또한 자기소개는 되도록 상대방의 기대를 만족시킬 수 있어야 한다.

둘째, 시간에 주의하라.

자기소개는 간결하게 해야 한다. 통상적으로 30초 정도가 가장 이상적인데, 특별한 상황이 아닌 이상 1분을 초과하지 않는다. 자기소개를 하면서 명함, 소개서 등을 활용하는 것도 좋다.

셋째, 태도에 주의하라.

자기소개를 할 때는 자연스럽고 우호적이며 친근감이 느껴지는 상냥한 태도를 유지해야 한다. 또한 솔직하고 점잖으며 예의가 있어야 한다. 자신감 없는 태도도 좋지 않지만 그렇다고 너무 허세를 부리거나 경박해서는 안 된다. 자기소개를 할 때는 신뢰를 줄 수 있도록 있는 그대로의 모습으로 진실하게 해야 한다. 또한 호흡은 자연스러워야 하며 적당한 속도와 분명한 말소리를 유지해야 한다.

넷째, 방법에 주의하라.

자기소개를 할 때는 먼저 상대방을 향해 가볍게 고개를 끄덕여 상대의 반응을 얻은 후 시작해야 한다. 만약 소개해줄 사람이 같은 자리에 있는 상황이라면 그 사람이 소개할 때까지 기다려라. 먼저 자기소개를 하면 예의가 없어 보인다. 눈빛으로 능숙하게 자신의 선량함을 드러내고 상대방의 관심과 소통을 원하고 있음을 전달해야 한다. 만약 당신이 누군가를 알고 싶다면 사전에 그의 자료, 예컨대 성격, 특기 및 흥미나 기호 등을 알아두는 것이 좋다. 그러면 자기소개를 한 다음 조화롭게 이야기를 나눌 수 있다. 또한 상대방의 이름을 듣고 난 후 강한 어조로 다시 한 번 반복한다. 사람들은 누구나 자신의 이름이 불리기를 좋아하기 때문이다.

다섯째, 시기에 주의하라.

낯선 사람과 처음 만났을 때 적시에, 간단명료하게, 명확하게 자기소개를 하면 상대방이 더 빨리 당신을 이해할 수 있다. 반대로 상대를 오랫동안 뚫어지게 바라보면서 침묵을 유지하거나 앞뒤가 맞지 않는 말을 하면 상대방은 불쾌해할 수도 있다. 심지어 의문을 느껴서 당신과의 교제를 원하지 않게 될 수도 있다. 또한 상대방이 다른 사람과 이야기를 나누는 중이거나 모두의 이목이 어떤 사람이나 일에 집중되어 있을 때는 자기소개를 하지 않는 것이 좋다. 가급적 상대방이 혼자 있을 때 자기소개를 하는 것이 효과적이다.

주도적인 인사는
서로를 더 친밀하게 만든다

인간관계에서 인사는 서로의 우정을 돈독하게 하는 수단 중 하나다. 인사는 영혼의 소통이자 우정을 증진시키는 연결고리이다. 인사를 결코 소홀히 해서는 안 되는 이유가 여기 있다. 인사의 효과를 높이려면 먼저 적극적이고 주도적으로 인사를 건네자.

주도적으로 다른 사람에게 인사를 건네면 서로의 거리는 더욱 가까워진다. '좋은 아침입니다' 혹은 '안녕하세요'처럼 간단한 인사만으로도 쌍방은 친근감을 느낀다. 이에 서로의 신뢰감도 높아지고 사이도 가까워진다.

그러나 유감스럽게도 일상생활에서 인사에 소홀한 사람이 많다. 자주 만나는 사람들과는 마주칠 때마다 인사를 나눌 필요가 없다고 생각하는 것이다. 어떤 사람은 별로 친하지 않은 사람에게 인사를 했다가 상대가 자신을 알아보지 못할까 봐 두려워한다. 또 어떤 사람들은 '왜 내가 먼저 그 사람에게 인사를 해야 하지?'라고 생각한다. 하지만 매력적인 사람이 되고 싶다면 인사를 잘해야 한다. 특히 사업 확장 혹은 교우관계를 넓히고 싶다면 인사 잘하기를 반드시 체화해야 한다.

미국 자동차 세일즈업계의 전설 조 지라드는 자동차 판매왕이라고 불렸지만 뛰어난 능력이나 막강한 배경이 있었던 것은 아니다. 그가 판매왕이 된 비결은 바로 주도적으로 인사하는 것이었다. 이를 통해 그는 다른 사람과 쉽게 친해질 수 있었다. 사람들은 마치 어제 그를 만나 함께 커피를 마시면서 이야기를 나눈 것처럼 친근감을 느꼈다.

"아이고, 오랜만입니다. 어디 가는 길이세요?"

만약 당신이 조 지라드가 근무하는 매장에 방문한다면 바로 매력적이고 상냥한 그의 미소를 볼 수 있을 것이다. 이내 그는 당신에게 친근한 인사를 건네고 당신의 이름을 불러줄 것이다. 그의 응대를 받고 있노라면 그와 몇 개월 동안 만나지 못했더라도 그 시간이 무색할 것이다.

어쩌면 당신은 그저 차를 한번 둘러볼 예정이었는데 그가 너무나 친절하게 대해서 불편함을 느낄지도 모르겠다.

"그냥 한번 둘러보려고 온 것뿐인데요."

"저와 이야기를 나눈다고 반드시 자동차를 사야 한다는 법이라도 있습니까? 맙소사! 그럼 제가 강매라도 하는 것 같지 않습니까? 어찌 됐든 당신을 만나게 되어서 저는 매우 기쁠 뿐입니다!"

지라드의 몇 마디는 당신의 어색함과 불편함을 싹 사라지게 만들 것이다. 어쩌면 당신은 어느새 그와 차를 마시며 한바탕 웃음꽃을 피울지도 모른다. 그와 헤어질 때 당신의 마음에는 몹시 아쉬운 감정이 생겨날 것이다. 그 결과 구매욕이 더욱 강렬해져서 원래의 계획을 앞당겨 사버릴지도 모른다.

지라드에게는 낯선 고객을 대하는 그만의 방법이 한 가지 있었다. 어느날 한 건축업자가 그의 전시장을 찾았다. 지라드는 인사를 건넬 뿐 서둘러 제품을 소개하려 하지 않았다. 그는 우선 건축에 관한 이야기를 나누며 연달아 질문을 던졌다. 그의 질문은 모두 건축업자의 설계와 관련된 것이었다.

"현장에서 구체적으로 어떤 일을 하시나요?"

"부근의 주택 단지 건설에 참여한 적이 있으십니까?"

몇 마디 대화가 오간 후 그와 건축업자는 말이 필요 없는 벗이 되었다. 지라드를 매우 신뢰하게 된 건축업자는 자신의 자동차 고르는 일을 그에게 맡겼을 뿐만 아니라 동료들 정보까지 귀띔해주었다. 그렇게 지라드는 더 많은 기회를 잡게 되었다.

주도적으로 인사하면 인사를 받은 사람은 기분이 좋아지고 당신에 대한 호감도가 상승한다. 이는 당신의 일에도 큰 도움이 된다.

인사는 상대에게 좋은 인상을 남기는 첫 단계다. 인사는 상대에게 정보를 전달하는 행위의 일종으로, 쌍방이 더욱 가까워지는 데 매우 중요한 역할을 한다. 요컨대 교제의 첫걸음이자 모든 인간관계의 시작이다.

유대교 전도사인 사이먼 스페라는 매일 시골 들판을 한가롭게 산책하는 습관이 있었다. 그는 지나가는 모든 사람에게 친절하게 인사하며 안부를 물었다. 그중에 밀러라는 농부가 있었다. 밀러의 밭은 마을의 변두리에 있었는데, 사이먼은 매일 그곳을 지나다녔다. 사이먼은 밀러가 밭에서 열심히 일하는 모습을 보면 항상 먼저 인사를 건넸다.

"밀러 씨, 안녕하세요?"

사이먼이 처음 인사를 건넸을 때 밀러는 몸을 돌려버리고 마치 돌처럼 꿈쩍도 하지 않았다. 이 작은 마을에서는 유대인과 현지 주민의 관계가 좋지 않았기 때문에 사이먼과 친구가 되려는 사람이 매우 적었던 것이다. 하루 또 하루, 사이먼은 계속 따뜻한 미소와 친절한 목소리로 밀러에게 인사를 건넸다. 그러던 어느 날, 밀러가 사이먼을 향해 모자를 벗으며 인사를 건넸다. 그는 처음으로 사이먼에게 미소를 보였다. 그 후 매일 아침 사이먼은 소리 높여 인사했다.

"밀러 씨, 안녕하세요?"

그러면 농부도 모자를 벗으며 소리 높여 회답했다.

"안녕하세요, 사이먼 씨."

이는 나치당이 정권을 잡을 때까지 몇 년 동안 계속되었다.

사이먼의 가족을 비롯해 마을의 유대인은 모두 수용소에 보내졌다. 여러 수용소를 전전한 끝에 사이먼은 마지막으로 아우슈비츠에 수감되었다. 기차에서 내린 그는 길고 긴 행렬 속에서 조용히 처분을 기다렸다. 행렬의 말미에서 사이먼은 저 멀리 수용소의 지휘관이 지휘봉으로 왼쪽, 오른쪽을 가리키는 모습을 보았다. 그는 왼쪽으로 보내지면 죽고, 오른쪽으로 보내지면 산다.

요동치는 그의 심장은 지휘관과 가까워질수록 더욱 빨리 뛰었다. 어느덧 그의 차례가 다가왔다. 그에게는 어떤 판결이 내려질까? 왼쪽일까 아니면 오른쪽일까?

어느새 사이먼의 이름이 불렸다. 심장이 격렬하게 뛰면서 사이먼의 얼굴이 긴장으로 붉어졌다. 그러나 돌연 두려움은 그림자도 없이 사라졌다. 지휘관이 몸을 돌리자 두 사람의 눈이 마주쳤다. 사이먼은 조용히 입을 열었다.

"안녕하세요, 밀러 씨."

냉혹하고 무정한 밀러의 눈빛은 사이먼의 인사에 몇 초 간 흔들렸다. 잠시 후 그는 조용히 회답했다.

"안녕하시오, 사이먼 씨."

이어서 그는 지휘봉을 들고 말했다.

"오른쪽!"

그는 자기도 모르게 고개를 끄덕였다.

사람은 쉽게 감동을 받는다. 때로는 친절한 인사 한마디가 꽁꽁 언 마음을 녹일 수도 있다. 그만큼 인사는 인간관계의 윤활제이자 쌍방을 가까워지게 하는 효과적인 방법이다.

인사는 단순히 서로 주고받는 예의일 뿐만 아니라 사랑의 연결고리다. 인사는 사람과 사람 사이에 존중과 평등을 구축하고, 가족과 같은 사랑을 전달한다.

능숙한 신체 언어로
당신의 감정을
표현하고 전달하라

보디랭귀지라고도 불리는 신체 언어는 신체 각 부위의 움직임을 이용해 자신의 의견을 표현하며 소통하는 것이다. 무성 언어라고도 부르는데 주로 손짓, 눈빛, 동작 및 태도 등이 포함되며 이는 유성 언어의 중요한 보조 수단이다. 신체 언어의 운용과 유성 언어의 유기적 결합을 통해 우리는 '눈빛만으로도 감정을 전달하고, 움직임이 모두 언어가 되는 경지'에 도달할 수 있다.

언어의 주요 작용은 정보 전달이다. 신체 언어는 서로의 생각을 소통하고 협상하는 데 사용된다. 때로 신체 언어가 유성 언어를 대체해 정보를 전달하기도 한다.

사람이 외부에 전달하는 정보 중 언어적 성분이 차지하는 비율은 17퍼센트라는 사실이 실험을 통해 밝혀졌다. 그 외에 말투가 38퍼센트, 신체 언어가 45퍼센트를 차지한다는 것이다. 이는 사회적 교제와 관련된 모든 경우에 두 가지 현상이 발생할 수 있다는 뜻이다. 첫 번째는 45퍼센트의 교류가 비언어적으로 이루어진다는 것이고, 두 번째는 비언어적 요소의 표현 영향력이 언어의 전달성보다 5배나 강력하다는 것이다. 심리학자들은 겉으로 드러나는 태도는 내면 상태의 외재적 발현이라고 생각한다. 이는 그 사람의 정서, 느낌과 흥미에 따라 결정된다. 심지어 한 사람의 내면에서 비롯된 태도에 수천 마디 말보다 더 깊은 무게가 담겨 있을 때도 있다.

미국의 작가 윌리엄 덴포스는 말했다.

"고개를 꼿꼿이 들고, 턱을 아래로 당기고, 어깨를 펴고, 배에 힘을 주고 있는 사람이 내 앞을 지나갈 때, 그는 나에게 일종의 격려가 된다. 그런 사람을 보면 나도 모르는 사이에 자세를 똑바로 하게 된다."

이것은 신체 언어가 타인에게 어떻게 영향을 미치는지 보여준다. 당신이 아무 말도 하지 않고 있을 때 역시 당신의 자세와 정신은 소리 없이 사람들에게 당신이 누구인지 말해준다. 그리고 사람들은 이를 보고 당신을 어떻게 대할지 결정하기도 한다.

신체 언어는 한 사람의 이미지를 구축할 수도, 파괴할 수도 있다. 특히 대중적인 이미지가 그러하다. 성공한 사람은 대부분 신체 언어에 숙달되어 있다. 강연할 때, 그들은 신체 언어를 이용해 정보 전달 및 고상한 이미지를 구축한다.

프랑스의 총리 샤를 드골은 연설할 때 어깨를 곧게 펴고 공중을 움켜쥐는 손짓을 통해 효과적으로 사람들의 마음을 사로잡았다.

윈스턴 처칠에게는 전형적인 손짓, 즉 V 자를 그리는 버릇이 있었다. 수상이 되었을 때, 연설할 때, 동맹군이 노르망디에 상륙했을 때, 파시즘이 붕괴되었을 때, 그는 항상 둘째손가락과 셋째손가락을 뻗어 당당하게 V 자를 그렸다. 이것은 현재 세계에서 통용되는 손짓이 되었다. 1953년 12월 10일, 그가 노벨문학상을 수상하자 부인 클레멘타인은 말했다.

"암흑 같은 시기에 남편의 말과 이에 상응하는 행동은 세계 각지 수천만의 마음속에 신념과 희망을 불러일으켰다."

신체 언어를 합리적으로 운용하면 자신에게 유리한 형세를 만들거나 타인을 리드하는 데 더 큰 영향력을 발휘할 수 있다. 만약 말재주를 키우고 인간관계에서 자신의 영향력을 더 높이고 싶다면 적절하고 자신감 있게 신체 언어를 활용할 수 있어야 한다.

무성의 신체 언어는 말보다 먼저 정보를 전달하고 이미지를 구축한다. 신체 언어에 천부적 재능을 지닌 소수의 사람을 제외하면 대부분 후천적 노력으로 신체 언어를 단련한다. 이는 불규칙한 나쁜 습관을 교정하고, 자신에게 맞는 좋은 습관을 규칙적으로 실천하여 기른다는 의미다. 신체 언어를 운용해 자신의 이미지를 구축하는 일은 성공을 추구하는 사람들에게 매우 중요하다.

다음은 신체 언어의 특징 및 그것이 상징하는 바다. 타인과 교제할 때 신체 언어를 더욱 잘 운용하려면 반드시 알아두어야 한다.

① 눈빛의 교류

눈빛의 교류는 소통에 필수불가결한 전제조건이다. '눈은 마음의 창'이라고 우리는 때로 말을 하지 않아도 눈빛만으로 감정을 전달하고 소통할 수 있다. 또한 인간관계에서 눈빛을 능숙하게 이용할 줄 알아야 한다. 상대에게 깊은 인상을 남기고 싶다면 상대를 좀 더 오랫동안 바라보라. 협상에서 승리하고 싶다면 반드시 확고한 눈빛으로 바라보아야 한다. 만약 상대에게 흥미를 느끼고 있다는 사실을 드러내고 싶다면 반짝반짝 빛나는 눈빛으로 바라보자.

② 신체 언어가 드러내는 감정

신체 언어가 드러내는 감정에 대해 이야기할 때, 우리가 떠올릴 수 있는 다양한 동작과 그 뜻은 다음과 같다.

▶손뼉: 흥분

▶발을 동동 구르는 것: 화가 났음

▶고개를 늘어뜨림: 실망

▶주먹으로 가슴을 치는 것: 고통스러움

▶손을 흔드는 것: 저지 혹은 부정

▶양손을 바깥으로 내미는 것: 거절

▶양손을 바깥으로 펼치는 것: 어쩔 도리가 없음

▶양팔을 바깥으로 펴는 것: 저지

▶머리나 목을 긁는 것: 당혹스러움

▶손을 비비거나 옷깃을 당기는 것: 긴장

▶머리를 때리는 것: 자책

▶어깨를 으쓱하는 것: 상대방의 의견에 동의하지 않음 혹은 어쩔 도리가 없음

▶양손을 머리 위로 올리는 것: 격노

▶양손을 위로 곧게 펴는 것: 흥분

▶양손으로 머리 밑을 받치는 것: 편안함

▶한 손으로 턱을 괴는 것: 의혹

▶어깨를 으쓱하고 양손을 바깥으로 펼치는 것: 흥미를 느끼지 못함

▶고개를 끄덕이고 양손을 가슴 앞에 모으는 것: 부끄러움

③ 신체 접촉

우리는 신체 접촉을 통해 사람들과 교제하고 소통하는데, 이를 적절히 운용하면 상대와 더 쉽게 가까워질 수 있다. 예컨대 악수, 어깨 두드리기, 안아주기 등으로 각각 우호, 격려, 위로의 감정을 드러낼 수 있다. 그러나 신체를 접촉할 때는 반드시 연령, 서열, 성별, 장소 등을 고려해야 한다. 이를 바탕으로 자신의 행동을 조절해야 불필요한 오해를 피할 수 있다.

눈빛을 운용한 대화는
당신의 매력을 높여준다

　눈과 눈빛은 겉모양과 기색으로 감정을 표현하고 정보를 전달하는 무성 언어다. 얼굴을 '마음의 거울'이라 한다면 눈은 '마음의 창'이라 할 수 있다. 감정이 가장 잘 드러나는 눈은 그래서 영적으로 소통하는 수단이 된다. 다양한 눈빛의 변화는 풍부하고 다채로운 한 사람의 내면세계를 고스란히 드러낸다.

　'사람의 정신은 두 눈에 깃든다'는 말처럼 눈에는 심층적 심리를 반영하는 특수 기능이 있다. 전문가에 따르면 눈빛은 실제로 동공의 변화를 가리키는 것이라고 한다. 동공은 중추신경의 지배를 받는데 이는 대뇌에서 현재 어떤 활동이 진행되고 있는지를 여실히 드러낸다. 동공의 확대는 긍정적 정보(사랑, 좋아함, 흥분, 즐거움)를, 동공의 수축은 부정적 정보(의기소침, 경계, 귀찮음, 분노)를 전달한다는 것이다. 이처럼 희로애락, 사랑과 미움, 좋아함과 싫어함 등 감정의 변화는 모두 눈이라는 신비한 기관을 통해 드러난다. 눈빛과 대화는 서로

보조적일 뿐이므로 눈빛은 대화의 진정한 함의를 충실히 드러
낸다고 할 수 있다.

그러므로 실제 대화 중에 말하는 사람이 눈빛을 적절히 운용한다
면 유성 언어를 훨씬 웃도는 효과를 얻을 수 있다. 열정적이고 성실
한 눈빛으로 상대와 관계를 유지하려 노력하면 상대는 당신이 자신
을 좋아하고 존중한다는 사실을 느낄 수 있을 것이다. 그리고 당신을
신뢰할 수 있는 사람이라 생각해 마음을 활짝 열고 무엇이든지 이야
기할 것이다.

그런데 눈빛의 가치를 이해하지 못하고, 때로는 눈빛이 부담스럽
지 않을까 생각해 항상 고개를 숙이고 바닥을 바라보거나 상대방의
다리를 주시하는 습관을 가진 사람들도 있다. 혹은 두리번거리면서
엉뚱한 이야기를 꺼내기도 하는데, 이는 대화를 나누고 말재주를 발
휘하는 데 매우 불리하다.

사람들은 종종 말보다 눈빛을 더욱 신뢰한다. 사람들은 상대가 이
야기할 때 눈을 마주치지 않으면 자신을 속이고 있다거나 마음속에
무언가를 감추고 있다고 생각한다. 그리고 불안정한 눈빛은 정신적
인 불안이나 성실하지 못한 성격을 드러낸다고 여긴다. 즉, 대화할
때 상대의 눈을 거의 바라보지 않는다면 비겁하거나 자신감이 부족
한 것이다. 이는 모두 대화를 방해하는 요소다.

실생활에서도 눈빛을 중시하지 않는 사람들이 있다. 그들은 토론
이나 모임 같은 작은 규모의 단체 대화에서조차 타인을 직시하지 않
는다. 사방으로 시선을 돌리고 때로는 천장이나 탁자 위 장식품 등을
바라본다. 이는 일부러 남의 시선을 피하고 있음이다. 또한 위축감을

드러내는 행동이며 이러한 사람의 대화 효율은 현저히 낮게 마련이다.

말할 때는 반드시 고개를 똑바로 들고 시선은 청중을 향해야 한다. 일반적으로 대화할 때 어쩌다 한 번씩 상대를 주시하는 행동은 부자연스럽고 적절하지 않다. 당신의 표정과 행동에 자신감이 없다는 사실이 그대로 드러나기 때문에 상대는 당신의 말에 불편이나 회의감을 느낄 수 있다.

우리는 매일 눈빛을 통해 소리 없이 서로 정보를 교환한다. 얼굴을 마주하고 소통하는 데에서 눈빛은 상대와 효과적인 교류를 할 수 있을지 여부를 결정한다. 요컨대 눈빛을 통해 소통하지 못하는 사람은 효과적인 교류를 할 수 없다.

눈빛을 정확하게 활용하려면 요령을 파악해야 한다. 그 요령이란 다음과 같다.

① 능숙하게 상대의 시선을 포착해야 한다.

다른 사람과 이야기를 나눌 때는 말 속에 숨겨진 뜻을 포착하고 상대의 눈빛에서 나오는 당신에 대한 기대와 요구에 즉시 응답할 수 있어야 한다. 만약 상대가 억지스러운 요구를 해 온다면 즉시 적절한 조치를 취해 상대의 요구를 단념시켜야 한다.

② 응시하는 부위에 주의한다.

이야기를 나눌 때, 정면으로 상대의 눈과 얼굴을 응시하자. 단, 부드러운 눈빛으로 바라보되 너무 오랫동안 응시하지는 말자. 이야기를 나누는 중에 이따금 시선을 조금씩 이동시키는 것은 좋지만 너무 자주 그래서는 안 된다.

③ 상대와 알맞은 높이의 시선을 유지해야 한다.

상대를 응시하면서 대화하면 상대는 당신이 예의 있고 성실하다는 느낌과 더불어 호감을 가질 것이다. 예컨대 당신이 서 있고 상대가 앉아서 이야기를 하는 경우라면 반드시 허리를 굽혀 상대와 시선을 맞추어야 한다. 어린아이와 대화할 때는 무릎을 꿇어 시선을 아이의 눈높이에 맞추어야 한다.

④ 상대를 너무 빤히 직시하지 않는다.

영국의 신체 언어학자 모리스는 "서로의 눈을 응시하는 행위는 강렬한 사랑이나 미움을 느낄 때에만 일어난다. 대부분의 사람은 일반적인 상황에서 다른 사람에게 직시당하는 것에 익숙하지 않다"라고 말했다. 특히 오랫동안 빤히 직시하는 것은 경멸과 위협의 느낌을 준다. 노련한 경찰이나 법관은 종종 이를 이용해 범죄자를 자백시킨다. 그러나 일반적인 사교 장소에서 상대를 너무 빤히 응시하는 것은 옳지 않다.

연구에 의하면, 이야기를 나눌 때 시선이 상대의 얼굴 부근을 바라보는 시간이 전체 대화 시간의 30~60퍼센트를 차지하는 편이 좋다고 한다. 이를 초과하면 상대는 당신이 대화 내용보다 자신에게 더 관심이 있다고 생각하고, 반대의 경우에는 대화 내용과 상대 양쪽에 흥미가 없다고 생각하게 된다 한다. 이는 모두 일반적으로 실례가 되는 행동이다.

그러나 강연, 보고, 뉴스 전달, 제품 선전처럼 모임에서 혼자 발언하는 경우는 다르다. 이러한 상황에서는 발언자와 청중의 공간적 거리가 비교적 먼 편이기 때문에 반드시 계속 청중을 응시해야 한다. 정면 응시나 청중 둘러보기, 부분적인 청중 응시, 허공 둘러보기 등을 활용해야 청중과 끊임없이 교감하고 좋은 효과를 얻을 수 있다.

풍부하고 다양한 표정이 담겨 있는 우리의 눈은 인간관계에서 감정을 표현하고 뜻을 전달하는 데 매우 중요한 역할을 한다. 눈은 사람의 내면에 담긴 진실한 생각을 전달하므로 눈빛을 이용하면 소통을 촉진할 수 있다. 이야기할 때, 상대를 적절하게 주시하고 제때에 진심이 담긴 미소를 보내면 상대는 당신의 예의와 친절, 우호를 느낄 수 있다. 이는 당신 내면의 교양을 드러내는 동시에 상대에게 당신의 마음을 전달하는 역할을 한다.

적절한 화제로
대화의 주도권을 쥐어라

주도권이란 대화 속에서 적절한 화제를 찾아 대화를 이끌어가는 능력이다. '할 말을 찾는다는 것'은 바로 '적절한 화제'로 대화의 출발점을 찾는 것이다. 적절한 화제는 대화를 더욱 순조롭게 이어지게 한다. 이에 쌍방은 더욱 조화롭고 어색하지 않은 분위기에서 대화를 진행해 나아갈 수 있다.

적절한 화제는 대화를 시작하는 첫 단계에서 매개체 역할을 한다. 또한 자세하고 깊고 허심탄회한 대화의 시작이라 할 수 있다. 적절한 화제란 대화를 나누는 쌍방 중 적어도 한쪽이 잘 알고 있는 것, 대화를 나누는 모든 사람이 흥미를 느낄 수 있는 것, 토론을 전개할 여지가 있는 것이다.

타인과의 효과적인 교류를 위해서는 '적절한 화제'를 찾아 상대의 공감을 불러일으키는 것이 중요하다. 많은 사람이 낯선 사람과의 교류를 두려워하는데, 그 이유는 상대와 교류할 만한 화제 찾기를 어려

위하기 때문이다. 그런데 사실 주의를 기울여 대화를 나누다 보면 공통적인 관심사를 쉽게 발견할 수 있다. 같은 기호나 흥미가 있다면 이를 이용해 순조롭게 대화를 전개해나갈 수 있다.

이제 적절한 화제를 찾는 방법을 구체적으로 알아보자.

① 주의 깊게 관찰한다.

사물을 관찰하고 문제를 분석하며 갈등을 처리하는 데 능숙한 사람은 타인에게서 화제를 찾는다. 그래서 화제가 끊이지 않는다. 한 사람의 심리 상태, 관심사 등은 그의 표정, 차림새, 말투, 태도, 행동 등을 통해 곧잘 드러난다. 관찰에 능숙한 사람이라면 상대와의 공통점을 쉽게 발견할 수 있을 것이다. 예컨대 상대가 당신과 똑같은 에어쿠션 운동화를 신고 있다면 이를 화제로 삼는 것이다.

② 대화를 하면서 끊임없이 모색한다.

낯선 사람과 만나 할 말이 없는 상황이라면 침묵을 깨기 위해 별 뜻 없는 말을 던져보는 것도 좋다. 예컨대 당신이 "오늘 날씨가 참 춥군요"라고 이야기하면 상대가 응대할 것이고 이로써 대화가 진행된다. 행동을 통해 대화를 시작할 수도 있다. 예를 들어 상대의 짐을 들어주는 등 상대에게 도움을 주는 것이다. 또한 상대의 특징적인 말투를 기점으로 대화를 시작할 수도 있다. 예를 들어 상대가 사투리를 사용한다면 "어디 출신이세요?"라는 질문으로 대화를 전개할 수 있다.

③ 상대의 흥미에 대해 질문한다.

상대의 흥미에 대해 질문하면 이를 바탕으로 순조롭게 대화할 수 있다. 누구나 자신만의 흥미나 기호를 가지고 있게 마련이다. 그렇기에 설령 과묵한 사람이라도 자신의 흥미나 기호에 관한 이야기가 나오면 말이 술술 쏟아질 것이다. 예컨대 상대가 장기를 좋아한다면 이를 화제로 삼아 차, 마, 포 등을 운용하는 법을 묻는 것이다. 당신이 장기에 대해 조금이라도 알고 있다면 분명 의기투합할 수 있을 것이다. 만약 장기를 잘 모른다면 상대에게 장기를 배울 기회로 여기면 된다. 가만히 상대의 이야기를 들어주고, 시의적절한 질문을 하는 것만으로도 당신의 식견은 넓어진다. 먼저 자신의 흥미와 기호를 얘기해도 좋다. 이렇게 상대와의 대화를 유도한 다음 서로 공통점이 있는지 탐색하는 것이다. 그 과정에서 각자의 흥미와 기호가 넓은 영역으로 확대되는데, 상호 이해와 더불어 돈독한 감정을 쌓을 수 있다.

④ 상대 자체를 화제로 삼는다.

사람들은 상대의 주의를 자신에게 돌리기 위해 온갖 방법을 동원하지만 대부분 그 성과는 실망스럽다. 상대는 당신이나 다른 사람이 아닌 바로 자기 자신에게 관심이 있기 때문이다. 따라서 상대를 화제로 삼으면 종종 좋은 효과를 얻을 수 있다. "옷이 정말 잘 어울리시네요", "요즘 유행하는 헤어스타일이네요"처럼 상대를 칭찬하는 한마디로 상대의 기분을 유쾌하게 하고 서먹함을 해소할 수 있다.

⑤ 상대의 말을 더욱 세심히 생각하고 자세히 분석한다.

당신이 교제해야 할 상대와의 공통점을 발견하려면 그가 다른 사람과 나누는 대화에 주의를 기울이고 이를 분석해야 한다. 혹시 타인의 말을 세심히 생각하고 분석하는 사람과 대화를 나누려면 당신은 상대보다 더욱 진지하게 상대의 말을 듣고 공통점을 발견해야 한다.

광저우의 한 시장을 찾은 어느 함대의 장교가 점원에게 말했다.

"특대 사이즈 옷을 좀 찾아주시오."

장교는 장쑤성 특유의 말투를 쓰고 있었다. 이때 다른 광저우 육군 부대의 장교가 진열대의 한 상품을 가리키며 점원에게 비슷한 말투로 말했다.

낯선 두 장교는 서로를 바라보고 미소를 지었다. 그들은 각자 원하는 물건을 구입하고 나오면서 대화를 시작했다. 고향에서 부대, 현재 맡고 있는 임무와 지금까지 걸어온 길에 이르기까지 다양한 이야기를 나누며 교감했다.

이처럼 상대의 말을 세심하게 관찰하다 보면 서로의 공통분모를 찾아낼 수 있다. 그러면 낯선 사이도 친한 사이가 되고, 더 나아가 친구가 될 수 있다.

좋은 목소리는
당신의 말재주를
더욱 돋보이게 한다

우리는 목소리를 통해 생각을 표현하기에 목소리에 내재적인 감정이 드러난다. 고대 그리스의 철학자 소크라테스는 말했다.

"입을 열어 이야기를 해야 내가 당신을 똑똑히 볼 수 있소."

그는 각자의 개성이 드러나는 목소리가 그 사람의 내면을 밝혀주는 수단임을 알고 있었다. 격앙된 연설, 간절한 애원, 감정과 목소리가 어우러진 낭독 등은 깊은 인상을 남긴다.

심리학자들은 목소리가 첫인상의 38퍼센트를 결정짓는다고 말한다. 음색, 톤, 말의 속도, 표현 능력은 그 사람의 말 신뢰도를 결정지으며 그 비율은 무려 85퍼센트에 달한다. 이렇듯 말은 유성 언어를 사용한 표현의 일종이므로 목소리는 특히 중요하다.

듣기 좋은 목소리는 활력이 충만하다. 사람은 목소리를 통해 감정을 충분히 드러낼 뿐만 아니라 타인의 감정도 움직일 수 있다. 우렁차고 깨끗한 음색, 리드미컬한 어조는 독특한 매력을 발산하고 당신의 이미지를 미화시킨다. 그리고 다른 사람들이 당신에게 주의를 쏟게 만들어 교류 효과를 높여준다.

사람의 목소리는 생생한 무형의 문자다. 이는 때로 외모보다 더욱 오랫동안 사람을 끌어들이는 매력이 있다. 좋은 목소리는 상대의 마음을 관통해 당신이 인간관계에서 주도권을 쥐게 만든다.

좋은 목소리는 사람의 마음을 단단히 붙들어서 불가항력으로 만든다. 만약 흡인력 있는 목소리를 가지고 싶다면 아름다운 목소리를 내기 위해 노력해야 한다.

사람의 목소리는 비록 천성적이기는 하지만 바꿀 수 없는 것도 아니다. 신체의 다른 부분과 마찬가지로 목소리도 훈련할 수 있다. 연습을 통해 당신은 여운이 충만한 아름다운 목소리를 가질 수 있다. 아나운서, 가수 들도 모두 훈련을 통해 목소리를 만든다. 모든 사람이 전문 아나운서처럼 순수하고 전문적인 표준어를 구사할 필요는 없지만 발성에 주의할 필요는 있다. 호흡, 음색, 음량, 말투 조절에 주의하고 정확한 발음을 구사하면 우아하고 매력적인 목소리를 만들어낼 수 있다. 자신의 목소리를 듣기 좋고 우아한 목소리로 만들고 싶다면 다음의 몇 가지 사항에 주의하자.

① 발음이 정확하고 순서가 분명해야 한다.

발음에 무게가 있으면 듣는 사람은 자연스레 융화된다. 말할 때 정확한 발음과 순서에 주의하지 않으면 상대는 당신의 의사를 이해하지 못한다. 이를 위한 가장 좋은 연습 방법은 큰 소리로 낭송하는 것이다. 이러한 습관을 오래 지속하면 분명 효과를 볼 수 있다.

② 말하는 속도를 적절히 유지한다.

말하는 속도는 너무 빨라도, 너무 느려도 안 된다. 마치 음악처럼 리드미컬해야 한다. 중요한 문장은 속도를 늦추어 강조하고 일반적인 내용은 다소 빠른 속도로 이야기한다. 속도에 변화가 없는 목소리는 단조로워서 마치 자장가처럼 들릴 수 있다.

③ 적절히 음량을 조절한다.

말할 때의 목소리 크기를 일정한 정도도 유지한다. 목소리가 너무 크면 예의가 없고 거친 사람이라는 느낌을 준다. 반면 목소리가 너무 작으면 교류에 영향을 끼치므로 적절한 음량으로 이야기를 나누어야 한다. 목소리는 내용과 감정의 기복에 따라 조절해야 한다. 때로는 잔잔히 흐르는 물처럼 차분한 목소리로, 때로는 폭포가 쏟아지는 것처럼 당당한 목소리로 이야기해야 한다. 또한 같은 음량이라도 높낮이의 변화와 감정이 담겨야 비로소 사람의 마음을 움직일 수 있다.

④ 톤에 주의한다.

말할 때 높낮이를 적절하게 안배해야 상대의 주의와 흥미를 끌 수 있다. 어떤 대화든 리드미컬하게, 속도 변화와 소리의 높낮이가 마치 오케스트라처럼 적절하게 배합되어야 비로소 상대의 마음을 사로잡는 대화를 이끌 수 있다.

처음 만난 사람의 이름을 기억하면 호감을 얻는다

낯선 사람과 교제할 때 상대의 이름을 기억하는 일은 매우 중요하다. 당신이 상대의 이름을 기억하면 두 사람의 거리는 급속히 가까워지고 상대는 당신에게 좋은 인상을 품는다.

'호랑이는 죽어서 가죽을 남기고, 사람은 죽어서 이름을 남긴다'는 말처럼 이름은 한 사람의 상징이다. 누구나 자신의 이름을 소중히 여기고, 다른 사람이 자기 이름을 존중해주기를 바란다. 미국의 전 대통령 프랭클린 루스벨트는 말했다.

"사람과의 교제에서 가장 명확하고 간단하게 상대의 호감을 얻는 방법은 바로 상대의 이름을 기억하는 것이다."

사회에 첫발을 디뎠을 때, 원만한 인간관계를 구축하는 첫 번째 비결은 바로 타인의 이름을 기억하는 것이다. 한 사람의 이름을 기억하는 행위는 그 사람을 존중한다는 방증이며, 효과적인 소통으로 향하는 첫걸음이다.

판매원 시드 리비는 매우 발음하기 힘든 이름을 가진 손님을 만난 적이 있었다. 니코마스 파파두라스였다. 사람들은 그 이름을 외우지 못해 통상 그를 '닉'이라고 불렀다. 그러나 리비는 손님이 방문하기 전 열심히 몇 번이고 그의 이름을 반복해서 연습했다. 그는 손님을 만났을 때 웃음 띤 얼굴로 말했다.

"안녕하세요, 니코마스 파파두라스 씨."

닉은 깜짝 놀라 어안이 벙벙해졌다. 몇 분 동안 아무 대답도 하지 못한 그는 결국 눈물이 그렁그렁한 채 말했다.

"리비 씨, 저는 이 작은 마을에서 삼십오 년 동안 살아왔지만 제 이름을 있는 그대로 불러준 사람은 당신이 처음입니다."

물론 니코마스 파파두라스는 리비의 고객이 되었다.

상대의 이름을 기억하는 일은 상대를 중요시한다는 당신의 마음을 드러내는 것이다. 이로써 상대는 자연스레 당신에게 호감을 느낀다. 이러한 상대의 심리적 특징을 포착하면 당신은 교제의 첫 라운드에서 쉽게 승리할 수 있다.

짐 팔리는 고등학교조차 다니지 못했지만 46세 되던 해에 대학 네 곳에서 명예 학위를 받았다. 그리고 민주당에서 요직을 차지했으며 결국에는 체신부 장관까지 역임했다.

기자가 그에게 성공 비결을 묻자 그가 말했다.

"간단합니다. 바로 부지런히 일하는 것이지요."

의문이 생긴 기자는 다시 말했다.

"농담이시죠!"

그러자 그는 반문했다.

"그렇다면 당신은 내 성공의 원인이 무엇이라고 생각합니까?"

기자가 말했다.

"듣자 하니 선생님께서는 한 자도 틀리지 않고 친구 만 명의 이름을 외우신다고 하던데요."

"아니오, 그렇지 않습니다."

그는 즉시 대답했다.

"저는 적어도 오만 명의 이름을 기억하고 있습니다."

이것이 바로 짐 팔리의 남다른 부분이다. 그는 새로운 사람을 알게 될 때마다 반드시 먼저 풀네임을 확인하고 그 사람의 가정환경, 종사하고 있는 일과 정치적 입장에 대해 파악했다. 그런 다음 이를 근거로 우선 그에 대한 대략적인 이미지를 구축했다. 나중에 그 사람과 재회하게 되면, 설령 몇 년이 흘렀더라도 그는 반드시 먼저 다가가 인사를 건넸다. 그 사람의 어깨를 치며 따스하게 환대하고, 아내와 아이들이 잘 지내는지, 혹은 최근 일은 잘돼가는지 등을 물었다. 이러한 재능 덕분에 그는 다가가기 쉽고, 상냥하고 친절한 사람으로 알려지게 되었다.

이름은 세상에서 가장 아름다운 글자다. 다른 사람의 이름을 기억하고 진심을 담아 그의 이름을 부를 때, 상대는 우리를 받아들인다. 다른 사람의 이름을 불러주는 것은 그에 대한 존중이자 진심, 그리고 관심이다.

옛사람들은 '예를 모르면 뜻을 세울 수 없고, 말을 모르면 사람을 이해할 수 없다'고 말했다.

　다른 사람의 이름을 기억하는 일은 인류의 기본적 심리 욕구를 만족시키는 행위다. 이는 서로의 거리를 더욱 가깝게 만들고, 다른 예절로는 표현하지 못하는 효과를 발생시킨다. 또한 개인의 지식, 교양, 매력을 드러내주기도 한다.

　어느 회사의 사원 총회에서 부임한 지 반년이 되지 않는 최고경영자가 와인이 가득 찬 유리잔을 들고 사원들의 테이블을 돌면서 건배했다. 사원들은 최고경영자가 자기 눈앞에서 발걸음을 멈추면 약속이나 한 듯 일어서서 존경을 표했다. 최고경영자가 큰 소리로 말했다.

"존경하는 사원 여러분, 제가 한 가지 제안을 하겠습니다. 저는 서 있고 여러분은 앉은 상태에서 제가 누군가의 이름을 부르면 그 사람이 자리에서 일어나 저와 잔을 부딪치는 겁니다. 술은 각자 마음대로 마시되 억지로 권하지는 맙시다. 어떻습니까?"

모두 이구동성으로 좋다고 대답했다. 그리고 호기심 가득한 눈으로 최고경영자를 바라보았다. 그가 정말로 모든 사원의 이름을 부를 수 있을까? 총회에 참석한 사원이 360명이나 되는데 말이다.

최고경영자는 술잔을 들고 한 사원 앞에 가서 매우 정확하게 그의 이름을 불렀다. 그런 다음 그의 사원번호를 부르면서 가볍게 잔을 부딪치며 말했다.

"수고했어요. 우리 회사는 당신이 없으면 안 됩니다. 고마워요!"

그러고는 와인을 한 입 머금고 그 사원과 진심 어린 포옹을 했다. 여자 사원의 경우에는 악수를 나누었다.

최고경영자가 한 자도 틀리지 않고 마지막 사원까지 이름을 불렀을 때 전 사원은 약속이나 한 듯 모두 일어서서 있는 힘껏 박수를 쳤다. 360명의 사원은 최고경영자에게 일제히 경의의 눈빛을 보냈다.

훗날 누군가가 최고경영자에게 물었다.

"당신은 기억력이 어쩜 그렇게 좋으신가요? 전 사원의 이름을 외울 수 있다니요."

그는 웃으며 답했다.

"저는 최고경영자입니다. 각각의 현장에서 관리해야 하는 저는 매일 반드시 사원 세 명의 얼굴과 이름, 사원번호를 외우라고 저 자신에게 명령합니다. 그것이 사원에 대한 존중일 뿐만 아니라 사원과 마음을 통할 수 있는 방법이기 때문입니다. 제가 예전에 보통 사원일 때, 항상 최고경영자의 마음에 한 자리를 차지하는 사람이 되고 싶었습니다. 경영자가 저의 업무 가치를 알아주었으면 했어요. 마치 내 이름처럼 나는 유일무이한 존재이고 어느 것과도 대체할 수 없다는 사실을 말이죠. 그런 생각으로 일해야만 힘을 낼 수 있었지요. 최고경영자는 반드시 저처럼 모든 사원의 이름과 사원번호를 외울 수 있는 기억력을 지녀야 합니다. 그리고 언제 어디서든지 거침없이 모든 사원의 이름과 사원번호를 말할 수 있어야 하지요. 이는 MBA 교재의 전문 학술 용어보다 훨씬 유용할 겁니다."

다른 사람의 이름을 능숙하게 기억하는 일은 예의이자 감정상의 투자이다. 이는 인간관계에서 생각지도 못한 효과를 불러온다. 상대의 호감을 얻을 수 있는 간단하면서도 중요한 방법은 바로 그 사람의 이름을 확실히 기억해두고 다음번에 만났을 때 그의 이름을 불러주는 것이다.

　누구에게나 가장 중요한 이름은 그런 만큼 세상에서 가장 친밀한 단어다. 우리는 상대의 이름을 불러주는 행동을 통해 우정뿐만 아니라 새로운 협력 파트너를 얻을 수 있고, 교역을 달성할 수 있다.

　타인의 이름을 명확히 기억하자. 이를 통해 당신이 상대를 얼마나 중요하게 생각하고 있는지 어필하자. 당연히 상대는 당신에게 좋은 인상을 품을 것이다.

　상대의 이름을 외우는 좋은 습관을 기른다면 인간관계와 사회생활에서 우위를 점할 수 있을 것이다.

말
재
주

사람의 마음을
가장 감동시키는 것은
바로 진실한 말이다

겉으로 드러나는 말재주도 중요하지만 말에 담긴 진실함은 더욱 중요하다. 공자는 말했다.

"말에 기교가 있고 남의 안색을 살피는 사람 중에는 인자한 사람이 드물다."

아무리 말재주가 능수능란해도 '겉만 번지르르하고 진심이 담기지 않은 말'을 중시하는 사람은 없다. 진실함 없이 말재주만 앞세운 사람의 말은 타인에게 신뢰할 만한 가치가 없다고 비춰지기 때문이다. 따라서 말로 상대의 마음을 사로잡으려면 우선 당신의 말에 신뢰성이 있어야 한다. 만약 그러지 못하면 당신은 말을 잘하는 사람은 될 수 있을지언정 말이 가져다주는 진정한 효과는 얻지 못할 것이다.

사람과 사람의 대화에서 가장 중요한 것은 진실이다. 성공은 신속함에 의해 결정되고, 신속함은 사람을 대하는 진실함에 의해 결정된다. 다른 사람과 교류할 때 당신은 진실하고 간절한 마음을 상대에게 전해야 한다. 온전히 진실한 사람을 어떻게 신뢰하지 않을 수 있 겠는가?

마쓰시타전기산업이 아직 작은 공장에 불과했을 때, 경영자 마쓰시타 고 노스케는 직접 제품 판매에 뛰어들었다. 흥정의 고수 앞에서 그는 솔직 하고 성실하게 이야기했다.

"우리 공장은 규모가 매우 작습니다. 무더운 여름이면 직원들은 이글거 리는 철판 위에서 가공을 해 제품을 만들지요. 모두 땀을 뻘뻘 흘려가며 열심히 일합니다. 정상적인 이윤 계산 방법대로라면 각각의 제품은 ○○ 엔에 구입하실 수밖에 없습니다."

그러자 상대가 크게 웃으며 말했다.

"판매자는 가격 협상을 할 때 항상 별별 이야기를 늘어놓는데 당신은 다 르군요. 말 한마디 한마디가 모두 일리 있습니다. 좋습니다. 당신이 제시 한 가격대로 제품을 구입하겠습니다."

마쓰시타 고노스케의 성공은 진실한 말과 태도로 결정되었다. 진 실한 마음만이 비로소 타인의 마음을 감동시킬 수 있고, 이심전심으 로 타인을 대해야 신뢰를 얻을 수 있다. 이로부터 양호하고 조화로운 관계가 성립된다.

한 손님이 옷 가게 점원에게 물었다.

"이 옷이 저한테 어울리는 것 같아요?"

"괜찮은데요. 아주 잘 어울리세요."

점원이 대답했다. 이내 손님은 스타일이 완전히 다른 옷을 입어보았다.

"이 옷은요?"

손님은 그 옷에 적극적인 흥미를 보이며 말했다. 점원은 변함없는 태도로 대답했다.

"정말 괜찮은데요."

순간 손님은 그 점원의 의견을 들을 가치가 없음을 간파했다.

'이 옷이 과연 어떻게 보이는지, 내 몸에 맞는지 안 맞는지 점원은 분명 진실하게 이야기해주지 않을 거야.'

점원의 유일한 목적은 바로 옷을 판매하는 것이었다. 이러한 사실을 깨달았기 때문에 손님은 물론 옷을 구입하지 않았다.

당신이 아무리 유창하게 말을 잘해도 그 이야기가 매력을 가질 수 있는 것은 아니다. 이야기의 매력은 바로 진실함에 달려 있다. 뛰어난 판매원이라고 모두 말을 청산유수같이 잘하는 것은 아니다. 오히려 진심을 잘 드러내는 사람이 뛰어난 판매원이 되는 경우가 많다. 격식에 맞는 말로 당신의 진실을 드러낼 때 상대는 당신을 신뢰하고, 기꺼이 당신 말을 들어줄 것이다.

일본의 기업가 고이케는 빈곤한 가정에서 태어났다. 그는 20세 때 한 기계 회사의 영업 사원으로 일했다. 한때 그는 6개월에 25명의 고객과 계약을 달성하는 실적을 올렸다.

어느 날 그는 자신이 판매한 기계가 다른 회사에서 생산한 동일한 기능의 기계보다 다소 비싸다는 사실을 발견했다.

'만약 고객들이 이 사실을 알게 된다면 분명 나에게 속았다고 생각할 거야. 이는 내 신용에 막대한 지장을 줄 수도 있어.'

깊은 불안을 느낀 고이케는 즉시 계약서와 주문서를 들고 고객을 방문했다. 그러고는 고객에게 상황을 있는 그대로 설명하며 자신과의 계약을 유지할지 여부를 재차 고려해달라고 부탁했다.

이러한 행동에 고객들은 감동을 받았다. 결국 주문서를 취소한 고객은 단 한 명도 없었고, 그는 오히려 그들의 든든한 신뢰를 얻었다. 사람들은 고이케를 성실하고 믿을 만한 영업 사원이라고 생각하게 되었다. 게다가 25명의 고객은 저마다 새로운 고객을 소개해주었다.

진실하게 말하는 사람은 타인의 신뢰를 얻는다. 비즈니스에서든 일상에서든 상대를 진심으로 대해야만 그 성의가 상대에게 전달된다. 그럴 때 비로소 마음의 문을 열어 당신의 말을 받아들이고 이에 교감할 수 있는 소통관계가 형성된다.

링컨은 말했다.

"당신은 언제든지 누군가를 속일 수 있고, 때로는 모든 사람을 속일 수도 있다. 그러나 항상 모든 사람을 속일 수는 없다."

이는 타인과 교제할 때 반드시 진실해야 한다는 이치를 이야기한다. 화려한 미사어구를 사용해도 그 말에 진실이 결핍되어 있다면 일시적으로 다른 사람의 귀를 속일 수는 있지만 내면까지 영원히 속일 수는 없다. 상대를 감동시키려면 반드시 자신에게 먼저 물어야 한다.

'나의 마음은 과연 진실한가?'

사람에게는 사람의 말을,
귀신에게는 귀신의 말을 하라

사람에 따라 그에 맞는 말을 해야 한다. 이는 말하기 기술이자 하나의 원칙이다. 전국 시대의 책략가 귀곡자는 각양각색의 사람들과 이야기하는 방법에 대해 상세히 기술했다.

'현명한 사람과 이야기를 나눌 때는 박학을 원칙으로, 박학한 사람과 이야기를 나눌 때는 변론을 원칙으로, 변론에 능한 사람과 이야기를 나눌 때는 사정을 원칙으로, 신분이 고귀한 사람과 이야기를 나눌 때는 위세를 원칙으로, 부자와 이야기를 나눌 때는 호화를 원칙으로, 가난한 사람과 이야기를 나눌 때는 이익을 원칙으로, 비천한 사람과 이야기를 나눌 때는 겸손함을 원칙으로, 용감한 사람과 이야기를 나눌 때는 과감함을 원칙으로, 어리석은 사람과 이야기를 나눌 때는 예기를 원칙으로 해야 한다. 대화 상대가 주군이라면 반드시 그 기이함을 이야기하고, 신하라면 반드시 사적인 것을 이야기하라.'

이처럼 사람과 교제할 때는 반드시 상황과 상대를 객관적으로 이해할 필요가 있다. '지피지기면 백전백승'이라는 말처럼 다양한 상황과 상대에 맞는 화술을 취해야 한다.

'활을 쏘려면 과녁을 보고, 연주하려면 청중을 보아야 한다'는 말이 있다. 사람들은 저마다 각각 다른 신분, 직업, 경력, 문화적 수양, 사고, 성격, 환경, 심경 등을 가지고 있다. 현명한 사람은 각자 다른 대상과 상황에 맞추어 각기 다른 책략을 취하고, 다양한 말로 자신의 의견을 표현하며 교류한다. 그래야만 비로소 효과적인 대화 목적을 달성할 수 있기 때문이다.

《세설신어》에 다음과 같은 이야기가 나온다.

허윤이라는 사람이 이부(吏部)의 벼슬에 올라 동향 사람들을 인재로 많이 발탁했다. 그러자 위명제가 허윤을 잡아들였다. 그가 잡혀가는 순간 아내는 그에게 말했다.

"현명한 군주는 도리를 취하고 감정에 호소하지 않는 법입니다."

이는 황제에게 도리를 분명히 설명하되 감정에 호소해 애원해서는 안 된다고 당부하는 말이었다. 황제라는 지위는 감정에 치우쳐 사리를 판단할 수 없다. 한 나라의 왕으로서 공정하게 일을 처리하려면 도리에 맞게 상황을 판단하고 말해야 한다. 그래야만 비로소 나라에 이익이 되고 황제의 지위를 보전할 수 있기 때문이다.

위명제의 심문을 받을 때 허윤은 솔직하게 대답했다.

"전하께서 규정하신 채용 원칙은 '관계와 상관없이 능력으로 인재를 임용하는 것'입니다. 저의 동향 사람들은 제가 가장 잘 알고 있습니다. 부디 전하께서 직접 그들이 직무에 적합한지 여부를 사려해주시기 바랍니다. 만약 직무에 적합하지 않은 사람이 있다면 제가 기꺼이 벌을 받겠습니다."

위명제는 사람을 보내 허윤이 발탁한 동향 사람들을 조사시켰다. 그들은 모두 직무에 적합했기 때문에 허윤은 석방되었다.

말할 때는 상대의 신분과 지위를 고려해야 한다. 허윤은 조정이 제정한 추천제도에 근거해 동향 사람들을 발탁했다. 이는 황제의 신분과 지위로 허락한 '도리'에 합당하다. 허윤의 아내는 황제 앞에서 감정에 호소해서는 소용없음을 알고 '도리'로 맞서라고 했다. 즉, 관계와 상관없이 인재를 임용하였으며 모두를 적재적소에 임용했다는 '도리'를 강조하도록 당부한 것이다. 이는 대화 상대의 신분과 지위에 근거해 대화방식을 선택한 절묘한 예라 할 수 있다.

사람들은 저마다 심리적 특징, 성질과 천성, 대화 습관이 다르기 때문에 대화를 통해 얻을 수 있는 정보도 천차만별이다. 그러므로 현명한 사람은 다른 사람과 이야기를 나눌 때 천편일률적인 방식으로 교류하지 않고 다양한 대상에 맞는 대화방식을 채택한다.

일상생활에서 우리는 다음과 같은 몇 가지 사항에 주의해야 한다.

① 대화는 상대의 문화 및 지식수준에 따라 차이를 두어야 한다.

문화적 수준이 상대적으로 낮은 사람과 대화할 때는 되도록 간단명료하고 알기 쉬운 말을 사용해야 상대가 이해하기 쉽다. 반면, 문화적 수준이 상대적으로 높은 사람과 대화할 때는 말을 잘 다듬고 비교적 정식적인 대화방식을 적절히 사용해야 한다.

② 대화할 때는 상대의 신분과 지위를 고려해야 한다.

함께 대화를 나누는 사람은 각각 신분이나 지위의 차이가 있다. 따라서 임의대로 대화를 진행하지 말고 상대의 신분과 지위에 맞추어 자신의 견해를 적절히 말해야 한다. 여러 번 생각하고 말하되, 너무 솔직한 말은 피해야 한다.

③ 대화는 쌍방의 관계에 따라 차이가 있어야 한다.

일반적으로 말하는 사람과 듣는 사람 사이에는 평등관계, 상하관계, 친구관계 등 다양한 관계가 존재한다. 그러므로 말의 분량과 친밀도에 구분을 두어야 한다. 그래야만 상대와 원활하게 대화를 나눌 분위기가 형성된다.

상대의 말과 안색을 보면 그 사람의 심리를 읽어낼 수 있다.

'집을 나설 때는 하늘의 기색을 살피고, 집에 들어와서는 사람의 안색을 살핀다'는 말이 있다. 상대의 말과 안색을 살핀다는 말은 타인의 말과 안색을 자주 관찰해 그의 의도를 헤아려야 한다는 의미다.

상대의 말과 안색을 관찰하는 것은 감정 교류에 필요한 교제 기술이자 타인을 이해하는 창구이다. 만약 뛰어난 관찰력으로 타인의 말과 안색을 알아챌 수 있다면 사회적 교제에서 백전백승일 것이다. 또한 불필요한 마찰과 오해를 줄일 수 있다.

어느 심리학자는 말했다.

"세상의 지식 중에서 가장 배울 필요가 있는 것은 어떻게 하면 다른 사람을 통찰할 수 있는가이다."

타인과 이야기를 나누면서 말을 관찰하고 기색을 살펴 상대의 의도를 헤아리면 우리의 대화 능력은 한층 상승된다. 만약 상대의 말과 안색을 살피고 적시에 기존의 결정을 바꿀 수 있다면, 적시에 자신의 말을 조절할 수 있다면, 그리고 자신의 희로애락을 통제할 수 있다면 타인과의 관계는 분명 더 조화로워질 것이다.

서한 초기, 한나라의 시조 유방은 항우를 대파해 천하를 평정한 후 신하들에게 각각의 공로에 따라 상을 내렸다. 이는 분명 후대로 이어지는 만년의 사업 기반을 마련할 기회였다. 그래서 신하들은 모두 적극적으로 자신의 공을 다투었고, 이러한 싸움은 1년이 지나도 끝나지 않았다.

유방은 소하의 공로를 가장 크게 여겨 그를 후작에 봉하고 가장 많은 토지를 주었다. 그러나 이를 인정하지 않는 군신들 사이에서는 암암리에 논쟁이 분분했다.

직책을 봉하고 토지를 나누어주는 일은 본래 단번에 끝내기 쉽지 않은 일이다. 신하들은 지위 고하와 순서에 대해 또 논쟁을 벌였다. 많은 사람이 '평양후(平陽侯) 조참은 70여 차례나 부상을 당하면서도 병사를 이끌어 성을 빼앗고 백전백승을 거두었다. 그야말로 공로가 가장 큰 사람이니 반드시 제일 높은 자리를 얻어야 한다'고 생각했다. 그러나 유방은 지위를 봉할 때 소하의 편을 들었고, 이에 공신들은 불만이 가득했다. 유방은 자신의 의견을 고집하기 힘들었음에도 소하를 첫째로 꼽았다.

이때 유방의 마음을 헤아린 관내후(關內侯) 악군이 자진해서 말했다.

"모두의 의견은 틀렸소! 조참은 비록 전공을 세우기는 했지만 일시적인 공로에 불과하오. 폐하께서 초패왕과 오 년 동안 전투를 벌이며 때로 군대를 잃고 도피할 때 소하는 관중에서 사람을 보내 전선의 약점을 메워주었소. 초나라, 한나라가 형양에서 몇 년 동안 싸울 때 군대에 식량이 부족하면 소하가 여러 곳을 전전하며 식량을 조달해 비로소 물자가 부족하지 않을 수 있었소. 게다가 폐하께서 몇 번이나 산동으로 은신했을 때 소하가 관중을 단단히 지키고 있었기에 폐하를 도울 수 있었던 것이오. 이러한 것이야말로 만세의 공이오. 만약에 조참 같은 사람이 백 명 부족하다고 하더라도 이는 한나라 왕조에 아무런 영향을 끼치지 못하오. 우리 한나라 왕조는 조참 덕에 보전할 수 있었던 것이 아니오. 그런데 당신들은 무슨 근거로 일시적인 공을 만세의 공보다 높게 여기는 것이오? 나는 소하가 으뜸이고 조참은 그다음이라고 생각하오."

이 말은 유방의 마음에 꼭 들어맞았다. 그의 말을 듣고 기분이 좋아진 유방은 악군을 계속 칭찬했다. 그리고 소하를 최고의 자리에 앉히라 명하고 입궁을 허락했다.

악군은 평안후에 봉해져 두 배가 넘는 토지를 받았다. 그는 다른 사람의 안색과 언동을 살필 줄 아는 재능 덕택에 평생 부귀영화를 누렸다.

다른 사람과 교류할 때 보이는 사람들의 표정, 동작은 상대에게 많은 정보를 전달한다. 그러므로 우리는 반드시 상대의 안색과 말을 살필 줄 알아야 한다. 안색과 말을 살피는 일은 우리가 인간관계에서 반드시 갖추어야 할 기술이다.

'얼굴에는 표정이 있고 하늘에는 구름이 있다'는 말이 있다. **현명한 사람은 타인의 안색과 말을 살피는 재능이 있다.** 그들은 상대의 언사와 행동, 희로애락 등을 근거로 자신의 언행이 합리적인지 여부를 분석한다. 그들은 보통 사람보다 강한 적응력을 가지고 있어 적어도 상대가 기분 좋을 때 찬물을 끼얹는 행동으로 불쾌한 분위기를 만들지 않는다. 마찬가지로 상대가 화를 낼 때 불손한 말로 재앙을 초래하는 일도 없다.

화신은 건륭 황제의 총애와 신임을 받았다. 일개 어전 호위병에 불과했던 화신은 군기대신으로 승진해 전무후무한 출세가도를 달렸다. 이는 화신이 건륭 황제의 마음을 매우 잘 읽었기 때문이다.

북경에서 행해지는 향시에서 《사서》가 출제되었다. 건륭이 문제를 내린 후 환관은 《사서》를 내각에 가져왔다. 마침 화신이 당직을 설 때라 그는 황제가 어떤 문제를 출제했는지 상황을 물었다. 환관은 많은 말을 할 수는 없었지만 황제가 《논어》의 첫째 권을 친히 베껴 썼으며 그런 다음 미소를 지으며 무언가를 곧장 써 내려갔다고 말했다. 화신은 잠시 깊은 생각에 빠졌다가 황제가 선택한 글이 분명 '을혜(乙醯)'일 것이라고 추측했다. 왜냐하면 이 글자에는 '을유(乙酉)' 두 글자가 포함되어 있었고, 향시는 바로 건륭 을유년에 치러지기 때문이었다. 화신은 이를 자신의 제자들에게 알려주었다. 화신의 예상대로 당해 향시 문제는 '을혜'가 출제되었다.

건륭이 태상황제를 지낼 때 가경제와 화신을 알현한 적이 있었다. 두 사람이 들어섰을 때 건륭은 옥좌에 앉아 눈을 감고 있었다. 마치 잠이 든 것처럼 보였지만 입으로는 어느 나라 말인지 모를 말을 중얼거리고 있었다. 한참이 지나 건륭은 홀연히 눈을 뜨고 물었다.

"이 사람들의 이름은 무엇인고?"

가경제가 대답을 망설이는 사이 화신이 큰 소리로 대답했다.

"고천덕과 구문명이옵니다(백련교를 일으킨 지도자들)."

가경제는 그 말을 듣고 영문을 알 수 없었지만 건륭 황제는 천천히 고개를 끄덕이며 다시 눈을 감았다.

이틀 후, 가경제는 화신을 비밀리에 불러 물었다.

"전에 황제를 뵈었을 때 황제가 도대체 무슨 말씀을 하신 건가?"

화신이 말했다.

"황제가 외우시던 것은 서역의 비밀 주문입니다. 그것을 외우면 악인은 수천 리 밖에 떨어져 있어도 아무 이유 없이 죽거나 화를 입지요. 소인은 황제께서 그 주문을 외우시면 반드시 누군가 화를 당할 것을 알고 있었기 때문에 두 사람의 이름을 이야기한 것입니다."

가경제는 자신의 무지가 부끄러웠다.

화신은 안색과 말을 살피는 고수였다. 그는 건륭 황제의 심리를 읽어내고 성격, 기호, 생활 습관, 사고방식까지 마치 손바닥 보듯 훤히 꿰뚫고 있었다. 그래서 건륭 황제의 생각을 정확히 읽어내고 그의 마음에 드는 행동을 할 수 있었던 것이다.

사람의 심리 변화는 내면적인 것이지만 이를 영원히 감출 수는 없다. 언제든 이런저런 방식으로 드러나게 마련이다. 그러므로 상대의 생각을 헤아리는 데 능한 사람, 상대의 마음을 잘 받아들이고 비교적 뛰어난 말재주를 가진 사람은 적극적이고 주도적인 방식으로 상대와 교제하고, 조화로운 인간관계를 구축한다.

사람은 누구나 타인의 인정과 칭찬을 원한다. 그러므로 우리는 다른 사람의 안색과 말을 관찰하는 법을 배워야 한다. 누군가에게 부탁할 때, 상대를 기쁘게 하는 말을 하면 상대는 아무리 어려운 일이라도 무언가 도움을 주기 위해 노력할 것이다. 반면 상대의 안색과 말을 관찰하지 못하고 심리적인 공격을 펼치는 사람은 자신이 원하는 목적을 달성할 수 없다. 그러므로 말하기에 앞서 반드시 상대의 표정을 제대로 읽은 다음 무슨 말을 해야 할지 결정해야 한다.

때와 장소에 맞는 말을 하라

우리는 다양한 장소에서 다양한 사람을 만나며 다양한 일을 겪기에 목적에 맞는 말을 해야 한다. 때와 장소를 가리지 않고 아무렇게나 말을 내뱉는다면 분명 갖가지 악영향이 초래될 것이다. 그러므로 대화의 기술에서는 말하는 상황을 우선적으로 강조한다.

사람들은 장기간의 실전 경험을 통해 어떤 상황에서 어떤 말을 해야 할지 알고 있다. 대화를 나누는 쌍방의 화제 선택과 이해, 어떤 관념에 대한 이미지와 변화, 대화의 심리적인 반응 및 결과 등 모든 것은 때와 장소에 따라 결정된다. 즉, 말하는 사람은 때와 장소의 영향을 고려하고 그 효과를 교묘히 이용해야 한다.

명나라의 개국 황제 주원장은 빈곤한 가정에서 태어났다. 소년 시절에는 소를 치기도 했고, 부잣집에 품을 팔기도 했다. 심지어 배불리 먹기 위해 출가해 스님이 되기도 했다. 그러나 그는 항상 마음에 큰 뜻을 품고 있었는데, 때를 만나 결국 패업을 달성했다.

주원장이 황제 자리에 오른 후 어느 날, 가난했던 시절의 친구가 그를 만나기 위해 찾아왔다. 주원장은 옛친구가 매우 보고 싶었지만 그가 혹시 말실수를 할까 봐 두려웠다. 하지만 그는 남들이 자신을 높은 자리에 오르더니 옛정을 저버리는 사람이라 생각할까 싶어 결국 친구를 궁에 들였다. 친구는 궁에 들어와 큰절을 하고 만세를 외쳤다.

"주군 만세! 옛날 소인이 폐하를 따라 갈대밭에서 항아리 성을 대파했지요. 탕 사령관은 도망을 가고 콩 장군만 남았을 때 말들이 목을 죄어왔지만 채소 장군 덕에 살아날 수 있었지요."

주원장은 그의 말에 담긴 뜻에 감동하여 매우 기분이 좋아졌다. 옛날 모두가 굶주렸던 시절 함께 동고동락하던 일이 떠올라 감흥이 몰려왔다. 그는 즉시 옛친구에게 큰 상을 내렸다.

뒤이어 어린 시절 함께 소를 치던 친구가 주원장을 찾아왔다. 친구는 혹시 주원장이 자신을 잊었을까 봐 이런저런 이야기를 늘어놓았다.

"주군 만세! 기억하십니까? 옛날 우리가 함께 소를 치던 시절에 한번은 갈대밭에서 훔쳐온 콩을 항아리에 넣어 끓여 먹으려고 했었지요. 그런데 콩이 채 익기도 전에 모두들 먹으려고 다투는 바람에 항아리가 깨져서 탕이 다 쏟아지고 콩은 여기저기 뒹굴었지요. 전하는 땅에 떨어진 콩이라도 주워 먹으려다 결국 말여뀌가 목에 걸리고 말았지요. 다행히도 제가 전하에게 채소를 삼키라 해서 목에 걸린 말여뀌를 배 속으로 넘길 수 있었지요."

문무대신이 모두 모인 자리에서 망신을 당한 주원장은 큰 소리로 명했다.

"이런 미친놈을 봤나! 당장 저자를 끌어내도록 하라!"

같은 이야기도 전하는 사람과 방식에 따라 상황은 완전히 달라진다. 두 번째로 주원장을 찾아온 사람이 상을 받기는커녕 쫓겨난 이유는 바로 대화의 상황을 고려하지 않았기 때문이다. 주원장은 한 나라의 명실상부한 주군이었다. 수많은 대신의 면전에서 황제의 결점을 들추어냈으니 이 얼마나 경솔한가?

이처럼 상황을 고려하지 않고 입에서 나오는 대로 말을 쏟아내는 것은 자신의 졸렬한 말주변을 만천하에 드러내는 꼴이다. 항상 때와 장소를 고려해서 이상적인 대화를 나눌 수 있어야 한다.

대화를 할 때 고려해야 할 상황은 다음과 같다.

① 친한 사람인 경우와 외부인인 경우

친한 사람에게는 자신의 속마음까지도 얼마든지 허심탄회하게 이야기할 수 있다. 심지어 조금 예의에 어긋나는 말을 해도 탈이 나지 않는다. 그러나 외부인과 이야기할 때는 반드시 경계심을 늦추지 말 것이며, 마음속 전부를 내보여서도 안 된다. 일할 때와 마찬가지로 말할 때도 공과 사는 철저히 구분해야 한다.

② 공식적인 상황과 비공식적인 상황의 경우

공식적으로 말할 때는 엄숙하고 진지하게 해야 하는데, 사전에 철저히 준비해야 한다. 절대 입에서 나오는 대로 아무렇게나 이야기해서는 안 된다. 비공식적으로 말할 때는 감정을 교류할 수 있는 일상의 이야기를 좀 더 자유롭게 해도 된다. 그런데 항상 무미건조한 말을 하는 사람, 저속한 말을 하는 사람, 고상한 말만 하는 사람 등 다양한 유형이 있다. 이들은 공식적인 상황과 비공식적인 상황을 구분하지 못하기 때문에 항상 일관된 태도를 유지하는 것이다.

③ 진지한 상황과 자유로운 상황

'나는 일부러 당신을 만나러 왔다'는 말은 매우 진지하다. 반면 '지나가는 길에 당신을 만나기 위해 들렀다'는 조금 자유로운 느낌이라 듣는 사람이 부담스럽지 않다. 그러나 진지한 상황에서 '지나가는 길에 당신을 만나기 위해 들렀다'는 말은 불성실하고 진지하지 못한 사람이라는 인상을 준다. 반면 '지나가는 길에 만나기 위해 들른 상황'인데도 진지하게 '일부러 당신을 만나러 왔다'라고 하면 다소 과장된 느낌을 주기에 상대는 긴장할 수 있다.

④ 즐거운 상황과 슬픈 상황

통상적으로 말을 할 때는 분위기에 맞게 호응해야 한다. 다른 사람에게 기쁜 일이 생겼을 때는 슬픈 이야기를 하지 말고, 다른 사람이 슬퍼할 때는 경솔히 행동해서는 안 된다. 다른 사람이 슬퍼하고 있는데 아이들에게 장난을 치거나 유행가를 흥얼거린다면 상황을 너무 분별하지 못하는 사람으로 여길 것이다.

거듭 강조하지만 말할 때 자신의 말투와 태도를 때와 장소, 그리고 상대의 심리에 맞춰야 한다. 그래야만 교제 대상과 가장 효과적으로 소통할 수 있다.

칭찬의 말로
상대를 기쁘게 하라

마크 트웨인은 "적절한 칭찬은 사람을 두 달 동안 황홀하게 만든다"고 말했다. 그렇다. 사람은 누구나 칭찬받고 싶어 한다. 다른 사람의 진심 어린 칭찬을 받으면 긍정적인 심리가 발동해 열정적인 성격 혹은 낙관적인 성격으로 변화한다. 이러한 심리를 이용해 대화 중에 상대를 자주 칭찬하면 좋은 효과를 얻을 수 있다.

어느 부인이 가사 도우미를 고용하기로 했다. 부인은 가사 도우미의 전 고용주에게 전화를 걸어 그녀에 대해 물어보았고, 칭찬보다는 험담을 많이 들었다.

가사 도우미가 온 날 부인은 말했다.

"당신의 전 고용주에게 전화를 걸어 물었더니 당신을 정말 성실하고 믿을 만한 사람이라고 하더군요. 요리도 아주 잘한다고요. 다만 유일한 결점이 정리를 잘 못해서 항상 집이 지저분했다는 이야기였어요. 그렇지만

난 당신이라면 문제없다고 생각해요. 분명 우리 집을 깨끗하게 청소해줄 거라고 믿어요."

그들은 별다른 마찰 없이 잘 지냈다. 가사 도우미는 부인의 말대로 집을 깨끗이 청소했고 매우 열심히 일했다.

칭찬이 사람의 행동에 막대한 영향을 끼치는 이유는 자존심을 만족시켜주기 때문이다. 칭찬은 자신의 행동에 대한 피드백이자 만족감과 즐거움을 준다. 그렇기에 사람은 칭찬을 받으면 고무되고 자신감이 생겨나 칭찬받을 만한 행동을 유지하기 위해 적극적으로 노력한다.

셰익스피어는 말했다.

"칭찬은 사람의 영혼을 비추는 햇빛이다. 햇빛이 없으면 우리는 성장할 수 없다."

칭찬은 신비한 역량을 지닌 사교 기술이다. 칭찬은 서로의 의견 불일치나 증오를 사라지게 하고 인정받고자 하는 욕구를 만족시킨다. 또한 상대가 당신의 관점을 쉽게 받아들이게 하고 때로는 한 사람의 인생을 바꾸기도 한다.

미국의 도서 판매왕 빈 트리시는 말했다.

"나는 그 어떤 사람에게도 책을 팔 수 있다."

그의 도서 판매 비결은 오직 한 가지, 고객을 칭찬하는 일이었다. 어느 날 그는 책을 판매하러 갔다가 매우 기품 있는 부인을 만났다. 이즈음 트리시는 칭찬이라는 유용한 기술을 막 운용하기 시작했을 때였다. 부인은 그의 칭찬을 듣더니 잠시 얼굴을 찌푸렸다.

"전 당신 같은 판매원이 듣기 좋은 말만 골라 해서 사람의 비위를 아주 잘 맞춘다는 사실을 알고 있어요. 그러니 당신 말을 곧이곧대로 듣지는 않아요. 나한테 시간 낭비하지 마세요."

그러자 트리시는 웃음을 띠며 말했다.

"그렇습니다. 부인의 말씀이 옳습니다. 판매원은 듣기 좋은 말만 골라 하고 심지어 정신을 쏙 빼놓을 때도 있지요. 부인처럼 주관이 확실하신 고객을 만나는 경우는 매우 드뭅니다. 분명 다른 사람의 영향을 쉽게 받지 않으시겠지요."

세심한 트리시는 부인의 표정이 다소 밝아졌음을 눈치챘다. 부인은 그에게 많은 질문을 했고, 그는 성실하게 대답했다. 마지막으로 트리시는 소리 높여 칭찬했다.

"부인의 이미지는 고귀한 개성을, 말은 민첩한 사고를 반영하고 있군요. 그리고 부인의 침착함은 그 기질을 더욱 돋보이게 합니다."

부인은 그의 말에 기쁜 듯이 웃으며 흔쾌히 책을 세트로 주문했다. 훗날 부인은 트리시에게 재차 100세트의 서적을 주문했다. 오랜 기간 판매 경력을 쌓아온 그는 이를 통해 인생의 법칙 하나를 결론지었다. 그것은 바로 '칭찬을 싫어하는 사람은 없고, 다만 다른 사람을 칭찬하지 않는 사람은 있다'는 사실이었다.

어느 날 그는 한 회사에 책을 판매하러 갔다. 사무실 직원들이 다양한 책을 고르고 마침 대금을 지불하려 할 때였다. 갑자기 한 사람이 사무실로 들어오더니 큰 소리로 말했다.

"이렇게 쓰레기 같은 책은 어디에나 있다고. 그런데 그렇게 많이 사서 뭐

할 거야?"

트리시가 그를 향해 미소를 보이자 그가 말했다.

"나한테 책 팔려는 생각은 마시오. 나는 절대 사지 않을 거요."

"당신 말씀이 맞습니다. 당신 같은 분이 이렇게 쓸데없는 책을 사서 뭐 합니까? 당신은 분명 지식이 해박하고 문화적 교양과 품위가 높을 테지요. 만약 남동생이나 여동생이 있다면 분명 당신을 자랑스럽게 여기고 존경할 겁니다."

트리시는 여유 있게 웃으며 말했다.

"나한테 남동생과 여동생이 있다는 사실을 어떻게 알았소?"

그는 조금 흥미를 가진 듯 물었다. 트리시는 대답했다.

"당신을 보자마자 한눈에 큰 형님 같은 풍격을 느꼈습니다. 분명 신께서는 당신의 동생들을 특별히 사랑하시기 때문에 당신 같은 형님을 주셨겠지요."

그들은 마치 형제처럼 함께 오랫동안 이야기를 나누었다. 결국 그는 형제 같은 트리시의 일을 도와주어야 한다며 자기 동생들을 위해 책을 5세트나 구입했다. 트리시는 그날 일기에 다음과 같이 썼다.

'사실 나는 알고 있었다. 나와 3분만 이야기를 나누면 그 사람이 책을 사지 않기란 불가능하다는 사실을. 사람의 생각을 변화시키는 가장 효과적인 방법은 나의 자신감을 전달해 그 사람의 감정을 변화시키는 것이다.'

그리고 그는 자신이 내린 인성의 법칙을 적었다.

'사람은 감성에 좌우되는 이성적 동물이다. 만약 한 사람의 감정을 움직일 수 있다면 그 사람은 나를 받아들이기보다 거절하기를 더 어렵게 생각하게 된다. 그리고 한 사람의 감성적 사고를 신속하게 제어할 수 있는

가장 효과적이고 빠른 방법은 적절한 칭찬이다.'

마음에서 우러나오는 칭찬은 마치 햇빛처럼 만물을 비춘다. 누구나 살아가면서 칭찬을 필요로 하고 칭찬받기를 좋아한다. 이는 허영심 때문이 아니라 항상 더 나은 사람이 되기를 갈구하고 타인의 이해와 지지를 받으려 하기 때문이다. 부모가 아이를 자주 칭찬하면 가정이 화목해지고, 상사가 부하 직원을 자주 칭찬하면 적극성과 창조성이 끊임없이 발휘된다.

칭찬은 존중받고자 하는 욕구에서 비롯되며 이는 정상적인 심리다. 진심 어린 칭찬을 자주 듣는 사람은 자신의 가치가 사회적으로 인정받았음을 깨닫는다. 그리고 이는 자존감과 자신감을 높이는 데 도움 된다. 반면 칭찬에 인색한 사람은 좀처럼 다른 사람에게 칭찬의 말을 건네지 않고, 긍정적인 지도와 격려, 칭찬이 소통방식의 일종임을 이해하지 못한다.

타인을 진심으로 칭찬한다는 것은 상대에 대한 존중과 기대, 신뢰를 의미한다. 칭찬은 인간관계를 조화롭게 만드는 방법 중 하나다. 저마다 장점이나 특기가 다르고 그것이 드러나 있는지 감추어져 있는지의 차이가 있을 뿐 누구나 칭찬받을 부분을 가지고 있다. 세심히 관찰한다면 분명 다른 사람에게서 칭찬할 포인트를 발견할 수 있을 것이다.

일상 속에서 우리는 진심 어린 칭찬으로 주위 사람들을 더욱 효과적으로 격려할 수 있다. 그리고 이를 통해 대화의 목적을 달성할 수 있을 것이다.

상대방이
흔쾌히 받아들일 수 있도록
교묘하게 거절하라

거절은 인생의 학문이자 기술이다. 왕자웨이 감독의 영화에서 다음과 같은 대사가 나온다.

"다른 사람에게 거절당하지 않으려면 먼저 다른 사람을 거절해야 해."

이는 인간관계에서 주도권을 차지하려면 우선 거절하는 법을 배워야 한다는 이야기다. 막무가내 남의 비위를 맞춰주며 영합하고 스트레스를 참기만 하면 결코 존중받을 수 없다. 오히려 다른 사람들은 당신을 우습게 여길 것이다. 만약 당신이 적절하게 거절하는 방법을 체득한다면 상대는 당신을 더욱 존중하고 다시 보게 될 것이다. 한 철학자는 말했다.

"거절하는 법은 사람의 성숙함을 드러내는 지표 중 하나다."

리신은 평소 과묵하고 말재주가 없었다. 어느 날 사장이 그에게 한 가지 임무를 맡겼다. 한 회사의 체납을 독촉하라는 것이었다.

내향적인 데다 다른 사람과 교제하는 일이 서투른 그에게 체납 독촉은 불가능한 임무였다. 이는 말을 잘하고 교제에 능한 사람이 가야 마땅한 일이었다. 리신은 속으로 그렇게 생각했지만 입 밖으로 꺼낼 용기가 없었다.

목적지에 도착하자 상대방은 친절하게 그를 대접하며 술을 권했다. 그러나 리신은 자신의 원칙을 고수하며 술을 한 모금도 마시지 않았다. 입장이 난처해진 상대방은 화가 난 나머지 그를 쫓아버렸다. 임무를 완성하지 못한 리신 앞에서 사장은 격노했다.

"제대로 해내지도 못할 일을 왜 하겠다고 한 건가? 이건 일이지 애들 놀이가 아니라고! 하지도 못할 일에 나서지 말란 말이야!"

리신은 자신에게 주어진 임무를 용기가 없어 거절하지 못했고, 결국 해내지도 못해 질책을 받았다. 이는 우리에게 거절하는 법을 배우고 자신이 할 수 없는 일, 해서는 안 되는 일을 과감하게 거절하라는 교훈을 준다.

거절은 자신의 존엄을 지키고 자기 이익을 보호하는 중요한 수단이자 상대의 말재주를 제약하는 기교이기도 하다. 거절하는 법을 알지 못하면 당신은 항상 피동적인 상태에 놓이고, 다른 사람에게 끌려다니게 된다.

용감하고 능숙하게 거절할 줄 알아야 한다. 다른 사람의 부탁을 거절할 때도 그를 난처하게 만들어서는 안 된다는 것이다. 일단 상대의 요구를 거절하기로 결정했다면 단호한 의지를 표명하되 융통성이 있어야 한다. 다음은 몇 가지 적절한 거절방식이다.

첫째, 유머러스하게 거절한다.

우리는 직접적으로 상대의 요구를 거절할 수 없을 때가 있다. 때로는 상대가 결연한 태도로 요구나 조건을 양보하지 않기도 한다. 이때 직접적으로 거절하지 말고 우선 상대의 요구를 전면적으로 받아들여라. 그런 다음 상대의 요구 혹은 조건을 바탕으로 터무니없고 비현실적인 결론을 내놓으며 부정하는 것이다. 이러한 거절 방법은 종종 유머러스한 효과를 낳는다.

둘째, 애매모호하게 거절한다.

살다 보면 대부분 다음과 같은 경험을 할 것이다. 당신이 어떤 요구를 했는데 상대는 반대하지도, 찬성하지도 않는다. 함께 이야기를 나누면서도 당신이 이야기한 주제와 관련된 부분은 모호하게 대처하는 것이다. 쌍방의 대화는 마치 안개에 휩싸인 것처럼 애매하게 진행되다 결국 영문을 모르는 상태로 거절당하는 것이다.

셋째, 다른 출로를 제시한다.

당신이 누군가의 요구를 들어주고 싶지만 여력이 없거나 마음 편히 받아들일 수 없을 때는 다른 출로를 제시해 문제를 해결해보자. 이 또한 우회적인 거절의 한 방법이다.

거절하는 기술을 배우면 자신의 심리적 긴장과 압박을 경감시키

면서도 개성 있는 인격을 드러낼 수 있다. 또한 양호한 인간관계를
유지하는 데 도움이 된다. 상대가 흔쾌히 받아들일 수 있도록 교묘하
게 거절하는 기술을 배워야 한다.

경청은
상대에 대한
최고의 존중이다

오늘날처럼 바쁜 사회에서는 끈기 있게 남의 이야기를 들으려는 사람이 드물다. 상대의 이야기가 조금만 길어지면 지루해하며 확연히 싫증난 태도를 보인다. 혹은 상대의 이야기가 끝나기를 기다리지 못하고 끼어들어 부정하거나 꽤나 독단적인 말투로 자신의 관점을 이야기하기도 한다. 이러한 유형의 사람들은 종종 '짧고, 무난하고, 빠른' 방식으로 문제를 해결해서 자신의 설득력 있는 말재주를 드러내려 한다. 그러나 이러한 태도는 진정으로 문제를 해결하지 못한다. 오히려 진심 어린 소통을 막고, 서로의 우정을 쌓는 데도 악영향을 끼친다.

미국의 자동차 판매왕 조 길라드는 업계에 발들인 초기에 의미 깊은 경험을 했다. 어느 날, 한 유명인이 그에게 차를 구입하러 왔다. 길라드는 스타일이 가장 멋진 자동차를 그에게 추천했다. 손님은 매우 만족하며 1

만 달러를 현금으로 지불하려 했다. 거래가 성립되려는 찰나, 손님은 갑자기 마음을 바꾸고 가버렸다.

조 길라드는 이 일 때문에 오후 내내 마음이 불편했다. 아무리 생각해도 이해할 수 없었던 그는 밤 11시에 손님에게 전화를 걸었다.

"안녕하십니까! 저는 조 길라드입니다. 오늘 오후에 고객님께 신차를 소개한 사람입니다. 아까는 차를 구입하시는 줄 알았는데 왜 갑자기 돌아가셨습니까?"

"이거 보세요. 지금이 몇 시인 줄 압니까?"

"정말 죄송합니다. 저도 지금이 밤 열한 시를 넘겼다는 것은 잘 알고 있습니다. 그렇지만 아무리 생각해봐도 오늘 도대체 제가 무엇을 잘못했는지 알 수 없었습니다. 그래서 염치 불고하고 고객님께 전화를 드린 것입니다."

"정말이오?"

"정말입니다."

"좋소! 당신은 내가 하는 말을 주의 깊게 들었소?"

"매우 주의 깊게 들었습니다."

"그렇지만 오늘 오후 당신은 나의 말에 전혀 신경을 쓰지 않았소. 서명하기 전에 나는 아들 지미가 미시간대학에 들어가 의학을 공부할 것이라고 이야기했소. 아들을 자랑스럽게 생각하는 나는 아들의 학교 성적, 운동 실력 그리고 장래의 포부를 이야기했소. 그러나 당신은 아무런 반응을 보이지 않았소."

조 길라드는 이미 거래가 성립됐다고 생각했기에 상대가 무슨 말을 하는지 들을 마음이 없었다. 오히려 사무실에서 한 판매원이 늘어놓는 농담에 더 관심을 보였던 것이다.

이 일은 그에게 '듣는 것'의 중요성을 일깨워주었다. 그는 만약 자신이 시종일관 고객의 말에 귀 기울이고 심리적으로 동조했다면 고객을 잃지 않았을 것임을 분명히 깨달았다.

말하는 사람은 항상 자신의 말이 끝나면 듣는 사람이 의견을 이야기해주기를 바란다. 만약 당신이 상대의 말에 귀 기울이지 않는다면 이는 상대의 자존심에 상처를 주는 행동이라 할 수 있다. 이로써 당신에 대한 상대의 호감은 순식간에 사라져버린다.

상대의 호감을 얻고 싶다면 우선 경청하는 법을 배워야 한다. 한 심리학자는 말했다.

"동정과 이해하려는 마음을 가지고 다른 사람의 말을 경청하라. 나는 이것이 인간관계와 우정을 유지하는 가장 효과적인 방법이라고 생각한다."

인간관계에서 경청은 타인에 대한 존중을 표현하는 매우 중요한 행위다. 심리학 연구를 통해 타인의 의견을 경청하는 사람일수록 조화로운 인간관계를 유지한다는 사실이 밝혀졌다. 경청 자체가 상대의 이야기를 격려하는 방식이고, 끈기 있게 경청하는 태도가 상대에게 '당신은 경청할 가치가 있는 말을 하는 사람'이라는 사실을 알려주는 것이기 때문이다.

누구나 자기 이야기를 잘 들어주는 이를 좋아하기에 경청은 사람들에게 환영받는 기본적인 기교다. 남의 이야기를 잘 들어주는 사람은 친구도 많다. **마음과 마음의 교류라 할 수 있는 경청**에 대해 어느 위인은 말했다.

"경청을 좋아하는 민족은 지혜로운 민족이다. 반면 경청을 싫어하는 민족은 영원히 진보할 수 없다."

경청은 효과적 교류를 가능케 하는 중요한 비결이다. 말하는 데 능한 사람은 타인의 감탄을 받을 수는 있어도 호감과 신뢰를 얻기는 힘들다. 반면 경청할 줄 알고 다른 사람을 능숙하게 격려하는 사람은 쉽게 타인의 호감과 신임을 얻는다. 대화 과정에서 끈기 있게 상대의 말을 경청하는 행위는 '당신의 말은 매우 가치 있다' 혹은 '당신은 나와 친구가 될 가치가 있다'는 의미와 마찬가지다. 경청을 통해 상대에게 흥미를 느낀다는 것을 드러낼 수 있고, 상대는 자존감과 만족을 느끼게 된다. 말하는 사람은 자신의 말을 경청해주는 이에게 더욱 깊은 감정을 느끼고 '그는 나를 이해한다', '그는 나와 친구가 되었다'라고 생각한다. 그러면 서로의 거리는 급속히 가까워지고 나아가 마음을 잘 이해하는 사이가 될 수 있다.

경청은 사람과의 교제에 반드시 필요한 전제조건이다. 경청은 마음을 집중시켜야 가능한데, 이는 끈기를 갖고 연습하면 누구나 얻을 수 있는 능력이다. 경청은 다른 사람을 이해하는 중요한 수단이기도 하다. 경청의 긍정적인 효과를 얻기 위해 우리는 다음과 같은 경청방식을 이해할 필요가 있다.

① 진지하게 집중해서 경청한다.

상대방이 말할 때 상대를 똑바로 바라보라. 당신이 상대의 말에 집중하고 있음을 드러내는 것이다. 직시하는 두 눈, 긍정을 나타내는 고갯짓 혹은 손짓으로 당신이 진지하게 경청 중임을 표현하고 이를 통해 상대를 격려하는 것이다. 경청에 능숙한 사람은 상대가 자신이 매우 중요한 이야기를 하고 있다고 생각하게 만든다.

② 적절한 순간에 질문하거나 맞장구를 친다.

적절한 질문은 이야기를 하는 사람에게 격려가 될 수 있고, 쌍방의 소통에 도움이 된다. 예컨대 '당신 말이 맞아요', '그렇고말고요', '말씀을 정말 재밌게 하시네요', '정말요?', '다음엔 어떻게 됐는데요?' 혹은 '네' 등의 간단한 대답으로 상대의 말에 호응하는 것이다. 상대가 이야기를 마치려고 할 때 이야기를 계속 유도하고 싶다면 상대가 자주 언급하는 지역이나 인물에 대해 물어보라. 그러면 상대는 당신에게 더욱 흥미를 느끼고, 대화를 계속 이어갈 수 있다.

③ 경청을 통해 정보를 포착하라.

경청할 때는 순간적으로 정보를 포착해서 피드백해야 한다. 일반적으로 대화는 정보를 전달하는 행위이며, 상대방의 말을 듣는 것은 정보를 받아들이는 행위이다. 경청을 잘하는 사람은 대화를 통한 정보 포착에 능하다. 상대의 말을 주의 깊게 들으며 말뜻을 곱씹어보고 분석하면 그 속에서 효과적인 정보를 얻을 수 있다.

④ 상대의 안색과 말을 살피고 뜻을 헤아린다.

때로는 말에 일리가 있지만 결코 마음에서 우러나는 참말을 하지 않는 사람과 교제해야 할 때가 있다. 그들은 종종 자신의 진실한 생각을 숨기므로 그의 말 속 미묘한 감정에 주의하고 그 저의를 살펴야 한다. 그래야만 상대의 진정한 의도를 확실히 간파할 수 있다.

⑤ 상대의 말을 마음대로 끊어서는 안 된다.

상대가 의견을 다 표현하지도 않았는데 제멋대로 말참견을 하거나 화제를 전환시키는 것, 비판하는 것은 모두 교양 없고 예의 바르지 못한 행동이다.

⑥ 신체 언어를 사용해 피드백하라.

상대의 말을 경청하는 동시에 미소, 고갯짓, 눈빛 등 적절한 신체 언어로 상대가 말하는 내용을 이해하고 있음을 보여줘야 한다. 피드백은 상대의 말에 당신이 찬성 혹은 의문을 가지고 있음을 드러내는 정보다. 이는 말하는 사람의 적극성을 동원하는 데 가장 효과적이고 당신이 그의 말에 흥미를 느끼고 있음을 드러내는 장치이다. 예컨대 긍정의 고갯짓, 적절한 미소는 당신이 집중해서 상대의 말을 경청하고 있음을 나타내는 표현이다. 적절하고 격식에 맞는 신체 언어를 사용하면 상대가 말을 통해 자신이 원하는 것과 대화의 중요한 부분을 전면적으로 드러내도록 자극할 수 있다.

경청은 대화 기술 중 하나다. 경청하는 법을 배우면 정확하고 완벽하게 원하는 정보를 얻을 수 있다. 무엇보다 당신이 진지하고 성실하며, 타인을 존중하는 사람이라는 좋은 인상을 상대에게 남길 수 있다.

말은 은,
침묵은 금이다

침묵은 개인의 역량을 드러내고 대화에서 주도적 위치를 점할 수 있는 일종의 기교이다. 많은 사람이 '침묵'이라는 전략으로 상대를 공략한다. 일부러 침묵하기도 하고, 스스로 침묵을 깨기도 한다. 침묵이 일방적으로 말하지 않는 것을 의미하지는 않는다. 침묵은 마음속에 전반적인 고려가 되어 있는 상황에서 냉정과 침착을 견지하는 태도이다. 특히 표정과 자세를 통해 마음속에 준비된 전략과 승리에 대한 자신감을 드러낼 수 있다. 이로써 상대가 감정을 드러내고 비장의 카드를 보이도록 유도해 대화의 목적을 달성하면 된다.

회사의 한 여직원은 평소 말 없이 묵묵히 일하는 편이었다. 그녀는 다른 사람과 이야기를 할 때면 항상 얼굴에 미소를 띠었다. 이 회사에 싸우기 좋아하는 여직원이 새로 들어왔다. 많은 동료는 그녀의 주도적인 공격에 사표를 내거나 전근 신청을 했다. 결국 화살은 묵묵히 일하는 여직원에게 향했다.

어느 날, 싸우기 좋아하는 여직원은 일관적으로 침묵을 유지하는 여직원의 약점을 잡아 공격을 퍼부었다. 그런데도 과묵한 여직원은 조용히 미소 지을 뿐 아무 말도 하지 않았다. 이따금 "응?"이라는 반응을 보일 뿐이었다. 결국 싸우기 좋아하는 여직원은 스스로 물러났다.

6개월 후 싸우기 좋아하는 여직원은 자발적으로 전근을 요청했다.

왜 이러한 결과가 벌어졌을까? 사실 침묵을 유지하던 여직원은 청력이 좋지 않았다. 그래서 다른 사람이 하는 말을 이해하는 데 어려움을 겪었고 반응이 항상 반 박자 늦었다. 그녀가 타인의 말을 주의 깊게 듣고 그 의미를 생각하는 동안은 항상 멍한 표정이었다. 그녀에게 아무리 화를 내도 그녀의 멍한 표정과 '응?'이라는 의미 없는 되물음에 제 아무리 호전적인 사람이라도 스스로 물러날 수밖에 없었던 것이다.

침묵의 힘이란 얼마나 위대한가! 침묵 앞에서 모든 언어는 그 힘을 잃는다.

침묵은 효과적인 교류 수단의 일종으로, 유성 언어에 비해 이성과 지혜가 풍부하다. 누군가로부터 이유 없는 질책이나 악의 가득한 비방을 받는다면, 침묵을 유지하는 것도 좋은 방법이다. '침묵은 금'이라고, 침묵에는 막강한 힘이 담겨 있기 때문이다. 당신이 침묵을 유지하면 상대는 당신의 카드를 가늠할 수 없기 때문에 큰 압박을 느낄 것이다. 그러면 상대는 저절로 동요해 굳이 당신이 공격하지 않아도 스스로 무너져버릴 것이다. 그러나 당신이 침묵 대신 반격이나 논쟁을 시도하면 분명 상대는 당신의 빈틈을 포착할 것이다. 이는 어리석은 행동일뿐더러 긍정적인 결과를 불러오지 못한다. 이에 당신은 스스로를 궁지에 몰아넣게 되고 이미지는 크게 무너진다.

때로 침묵은 격렬한 논쟁을 이긴다. 침묵을 통해 우리는 상대에게 효과적으로 반격할 수 있고, 너그러운 도량과 지혜를 드러낼 수 있다. 어느 시인은 다음과 같이 노래했다.

'때로는 소리 없는 침묵이 소리를 이긴다.'

심오한 의미가 함축된 침묵 때문에 상대는 당신의 생각을 추측할 수 없고, 어쩔 수 없이 당신의 의견을 따르게 된다. 노자는 "진정한 뜻은 말로 표현할 수 없다"고 말했는데, 이것이 바로 침묵의 이치다. 침묵은 후퇴나 나약함의 상징이 아니라 일종의 미덕이자 지혜이다.

한나라의 공손홍은 젊은 시절 매우 가난했다. 그는 훗날 승상의 지위에 올랐지만 변함없이 검소하게 생활했다. 밥 먹을 때 반찬을 여러 가지 늘어놓고 먹는 법이 없었으며, 잘 때 평범한 솜이불을 덮고 잤다. 급암은 이를 구실로 한무제에게 상서를 올렸다. 공손홍이 넉넉한 봉록을 받고 있는데도 굳이 평범한 솜이불을 덮으며 검소한 생활을 하는 이유가 청렴하고 검소한 관리라는 명성을 얻기 위한 꾀라는 것이었다.

한무제는 공손홍에게 물었다.

"급암의 말이 다 사실이냐?"

공손홍은 대답했다.

"급암의 말은 틀림없습니다. 저는 조정의 대신 중에서도 그와 가장 사이가 좋고, 그는 저를 가장 이해하는 사람입니다. 그의 질책은 제 의표를 정통으로 찌른 것입니다. 저는 삼정승이지만 평범한 솜이불을 덮고, 일반 백성들 같은 생활을 하고 있습니다. 다른 사람이 보면 분명 일부러 청렴한 척하는 행동이라고 느낄 수 있겠지요. 만일 급암 같은 충신이 없었다면 전하께서 어떻게 저에 대한 비판을 들으실 수 있겠사옵니까?"

이에 한무제는 오히려 공손홍을 더욱 존중하게 되었다.

논쟁을 피하는 것도 침묵에 버금가는 효과적인 방식 중 하나다. 뛰어난 지혜를 가진 공손홍은 급암의 질책과 한무제의 힐문에 한마디도 변명하지 않고 전부 인정했다. 실생활에서 우리도 침묵을 지키고 논쟁을 피하는 방법을 적절히 운용하면 아무리 약해도 승리할 수 있고, 부드러움으로 강함을 다스릴 수 있다.

제경공이 안자에게 동아를 다스리라는 명령을 내렸고, 이에 안자는 매우 기뻐하며 임무를 받아들였다. 그러나 3년 후, 수많은 사람이 조정에 안자의 나쁜 행실을 고자질했다. 경공은 매우 분노해 안자를 불러들였고, 관직을 물리려 했다.

안자는 변명에 급급하지 않고 순순히 잘못을 인정했다. 그리고 진상을 밝힐 기회를 얻기 위해 매우 공손히 말했다.

"소인은 이미 잘못을 잘 알고 있습니다. 하오나 부디 소인에게 삼 년의 시간을 허락하시길 부탁드리옵니다. 소인은 반드시 다른 사람의 칭찬을 받는 사람이 되겠습니다."

제경공은 잘못을 시인하는 안자의 태도에 부탁을 들어주었다.

3년 후 안자를 칭찬하는 상소문이 끊임없이 제경공의 귀에 들려왔다. 제경공은 크게 기뻐하며 안자를 궁으로 불러 상을 내리려 했다. 그러나 안자는 황공해하며 사양하였다.

제경공이 왜 상을 받지 않느냐고 재차 추궁하자 안자는 그제야 이유를 밝혔다.

"처음 동아에 갔을 때, 소인은 백성에게 유리한 정책을 시행했습니다. 백성들에게 노인을 공경하고 어린이를 사랑하며 근검절약하라고 일렀으며 탐관오리를 처벌할 것을 주장했지요. 소인은 세력가가 법을 어기면 엄하게 처벌했고, 한 치의 관용도 베풀지 않았습니다. 그러자 세력가들은 저를 원망하고 중상모략하며 심지어 제 행실을 전하께 일러바쳤지요."

안자는 숨을 돌리고 계속 이야기했다.

"다시 동아에 갔을 때, 소인은 백성을 다스리는 방법을 바꾸었습니다. 백성을 위한 조치는 우선 제쳐두고 악인들에게 유리한 정책을 시행했지요. 그동안 잡아들였던 악한들을 석방하자 세력가들은 크게 기뻐하였습니다. 소인은 그들의 편을 들며 설령 그들이 법을 어겨도 처벌하지 않았습니다. 그러자 세력가들은 소인을 원망하지 않게 되었습니다. 오히려 도처에서 저를 칭찬했고, 그 말이 전하의 귀에도 전해진 것입니다. 삼 년 전, 전하께서는 소인을 벌하려 하셨습니다. 그리고 지금은 벌을 받아야 마땅한데 오히려 상을 내리려 하십니다. 그러니 전하, 소인은 결코 상을 받을 수 없습니다!"

안자의 말에 제경공은 큰 깨달음을 얻었다. 3년 전, 자칫하면 안자에게 억울한 누명을 씌울 뻔했던 것이다. 결국 제경공은 덕과 재능을 겸비한 충신 안자에게 전국을 다스리는 중책을 맡겼다.

진실은 달변을 이긴다. 억울한 의심을 받을 때, 나서서 논쟁을 벌이기보다는 침묵을 유지하며 진실이 스스로 드러나게 하라. 그러면 억울한 상황에서도 자신을 보호할 수 있고 언젠가는 반드시 진실이 밝혀질 것이다. 그 억울함을 견디지 못하고 어설프게 반격하면 웃음거리가 되거나 심지어 더 큰 모욕을 당할 수도 있다.

말은 사람을 해치고 칼과 창을 이긴다. 칼에 베인 상처는 쉽게 치유되지만 혀로 인한 상처는 잘 낫지 않는다. 의견의 불일치로 논쟁이 벌어졌을 때, 침묵은 쌍방의 충돌을 완화시키고 갈등을 해결하는 데 도움이 된다. 즉, 논쟁에서 승리하는 비결은 바로 무의미한 논쟁을 피하고 침묵을 지키는 것이다. 이는 정(靜)으로 동(動)을 제압하는 책략이자 현명한 사람의 지혜라 할 수 있다.

상대가 흥미를 느끼는 화제를 이야기하라

어떻게 해야 상대의 마음을 움직일 수 있을까? 가장 좋은 방법은 상대의 흥미에 대해 이야기하는 것이다. 그러면 상대는 자기 속마음을 잘 이해하는 사람이라 생각하고 호감을 느낀다.

인간관계의 대가 데일 카네기는 자신의 저서에서 말했다.

'우리는 타인에게 진심으로 흥미를 느껴야 한다. 상대의 이야기를 경청하고, 상대의 흥미에 대해 이야기하면서 상대방이 잘 이야기할 수 있도록 격려해야 한다.'

타인에게 진심으로 흥미를 느끼면 자연스레 그의 행동 하나하나에 주목하게 된다. 그러면 그가 드러낸 사소한 말이나 행동으로 대화를 이끌어내는 출발점을 삼을 수 있다.

상대가 흥미를 느끼는 화제를 이야기하는 것은 담화 기술의 하나다. 이를 통해 공통의 화제를 찾을 수 있고, 계속 어떤 이야기를 풀어나갈지 포석을 마련할 수 있다. 쌍방이 대화를 진행해갈 수 있는 화제를 이야기하며 적절한 순간에 상대를 칭찬하면 분명 상대의 마음을 사로잡을 수 있다.

코닥의 창시자 조지 이스트먼은 로체스터에 음악당과 기념관, 극장을 건설하는 데 거액을 기부했다. 그리고 건축물 내부에 설치할 의자를 마련하려고 하청업자를 고르려는데, 수많은 제조업자가 치열한 경쟁을 벌였다. 그러나 이스트먼을 찾아왔던 제조업자들은 아무런 수확을 얻지 못하고 실망한 채 돌아갔다. 이때 슈피리어 의자의 사장 제임스 애덤슨이 이스트먼을 찾아왔다. 그는 무슨 일이 있어도 9만 달러에 달하는 계약을 성사시키고자 했다.

이스트먼의 비서는 애덤슨을 보자마자 말했다.

"어떻게든 이 계약을 빨리 성사시키고자 하시는 마음은 잘 압니다. 그러나 충고를 하나 드리자면 만약 이스트먼 씨의 시간을 오 분 이상 뺏는다면 당신은 그 자리에서 탈락입니다. 이스트먼 씨는 바쁜 만큼 시간에 매우 엄격하니 사무실에 들어가면 서둘러 이야기를 시작하세요."

애덤슨은 미소를 지으며 고개를 끄덕였다. 그가 사무실에 들어갔을 때, 이스트먼은 책상에 쌓인 문건에 몰두하고 있었다. 그래서 애덤슨은 조용히 서서 사무실을 둘러보았다. 잠시 후 고개를 들어 애덤슨을 발견한 이스트먼이 말했다.

"어서 오세요."

"이스트먼 씨, 기다리는 동안 당신의 사무실을 살펴보았는데 정말 대단하군요. 저는 오랫동안 실내 인테리어 관련업에 종사하고 있지만 이처럼 우수하게 시공된 사무실은 본 적이 없습니다."

이스트먼은 대답했다.

"그렇습니까? 사실 이 사무실은 제가 직접 설계하였습니다. 사무실이 갓 완성되었을 때 정말 기뻤지요. 그런데 그 후로는 너무 바빠서 이 공간을 자세히 감상할 기회가 없었습니다."

애덤슨은 벽으로 다가가 나무판을 만져보며 말했다.

"제가 보기에 이건 영국 떡갈나무네요. 그렇지요? 이탈리아 떡갈나무는 이렇게 질이 좋지 못하거든요."

"맞습니다."

이스트먼은 기뻐하며 일어나 대답했다.

"그건 영국에서 들여왔습니다. 실내 떡갈나무를 전문적으로 연구하는 친구가 있어서 특별히 영국에서 주문해 온 겁니다."

기분이 좋아진 이스트먼은 애덤슨에게 사무실 내부 장식을 하나하나 소개했다. 나무의 재질에서부터 비율, 색상, 수공 기술, 가격, 설계 과정까지 자세히 들려주었다. 애덤슨은 미소 띤 얼굴로 고개를 끄덕이며 흥미진진한 태도를 보였다. 신나게 이야기하는 이스트먼을 보면서 그가 자라온 환경이 궁금해진 애덤슨은 이에 대해 물었다. 이스트먼은 자신의 고생스러웠던 청소년 시절과 어머니와 함께 발버둥 치며 살아온 빈곤했던 과거를 털어놓았다. 그리고 코닥 카메라를 발명하게 된 경위와 사회를 위해 거액의 기부를 한 일 등을 들려주었다. 애덤슨은 이스트먼의 공덕심을 진심으로 칭찬했다. 애덤슨과 이스트먼은 어느덧 정오까지 이야기를 나누었다. 마지막으로 이스트먼이 애덤슨에게 말했다.

"일본에서 구입한 의자가 몇 개 있는데, 집 복도에 놓아두었더니 햇빛 때문에 칠이 벗겨졌지 뭡니까. 그래서 의자를 다시 칠하려고 어제 페인트를 산 참입니다. 혹시 페인트칠에 흥미가 있으신가요? 좋습니다. 같이 우리 집에 가서 점심을 드시고, 제 솜씨도 좀 구경하시죠."

점심을 먹은 후 이스트먼은 자랑스러워하며 의자에 일일이 페인트칠을 했다. 애덤슨이 작별 인사를 고할 때도 두 사람은 거래에 대해서 이야기하지 않았다. 그렇지만 애덤슨은 결국 큰 계약을 따냈으며 이스트먼과 평생의 우정을 맺을 수 있었다.

이스트먼은 왜 애덤슨과 계약을 했을까? 이는 애덤슨의 뛰어난 말재주와 관련 있다. 만약 그가 이스트먼의 사무실에 들어가자마자 계약 이야기를 꺼냈다면 십중팔구 실패했을 것이다. 애덤슨은 교섭 대상을 잘 파악했기에 성공할 수 있었다. 그는 사무실 인테리어 칭찬부터 시작해 이스트먼이 이루어 온 성취까지를 교묘히 칭찬했다. 이스트먼이 흥미를 느낄 주제로 이야기를 나눔으로써 그의 자긍심을 최대한 만족시켜준 것이다.

타인의 마음을 움직이고 긍정적 결과를 얻을 수 있는 가장 좋은 방법은 상대의 흥미를 맞추어주는 것이다. 그러기 위해서는 먼저 타인을 이해해야 한다.

타인을 이해하기 위해서는 주로 상대가 가치 있게 생각하는 것, 흥미 포인트를 알아내야 한다. 즉, 상대방이 가장 관심을 가지고 흥미를 느끼는 일이 무엇인지 파악하는 것이다. 누군가에게는 매우 중요한 일이 또 다른 누군가에게는 중요하지 않을 수도 있고 심지어 언급할 가치도 없이 사소할 수 있다. 그러나 상대의 흥미를 이해하지 못한 채 자기 말만 한다면 상대 또한 흥미를 갖지 못하고 소통은 물 건너간다. 상대의 흥미 포인트를 이해하고, 상대가 중요하게 생각하는 일을 그 사람만큼이나 중요시해야 당신이 그를 얼마나 이해하고 있는지가 드러난다.

대형 자동차 전시회에서 자동차 판매원인 리리홍은 잠재적 고객이 될 가능성이 높은 사람을 만나게 되었다. 그의 행동을 지켜본 그녀는 그가 지프차에 큰 흥미가 있음을 알았다. 그녀는 회사의 제품 카탈로그를 그에게 건넸지만 그는 어떤 회답도 주지 않았다. 그녀가 두 번이나 연락을 취했지만 고객은 일 때문에 매우 바쁘다며 만남을 거절했다.

이런저런 조사 끝에 리리홍은 고객이 사격을 매우 좋아한다는 사실을 알게 되었다. 그녀는 인터넷으로 사격 관련 자료를 검색했다.

일주일 후, 리리홍은 주변의 유명한 사격장을 훤히 알게 되었고, 사격의 기본 지식까지 갖추었다. 고객에게 다시 전화를 건 그녀는 '우연히' 시설이 완벽히 갖추어지고 환경도 좋은 사격장을 발견했다고 이야기했다. 그 다음 주말에 그녀는 사격장에서 고객을 만날 수 있었다. 그녀의 사격 지식에 고객은 마음이 맞는 미녀 친구를 만나게 되었다며 감탄했다. 사격을 마치고 돌아오는 길에 고객은 자신이 호화로운 지프차를 좋아한다는 이야기를 꺼냈다. 그러자 그녀가 말했다.

"저희 회사에서 마침 새로운 스타일의 지프차를 출시했어요. 이 차는 현재 시장에서 가장 개성적이고 품격 있는 자동차죠."

리리홍은 고객의 흥미를 겨눔으로써 만남의 물꼬를 텄다. '사격'이라는 취미를 대화 돌파구로 삼아 상대의 공감 심리를 불러일으켰고, 쉽게 자신의 목적을 달성할 수 있었다.

때로 업무 혹은 생활상의 필요로 타인에게 부탁하거나 이야기를 나누어야 할 때가 있다. 이때 당신의 목적을 달성하려면 상대의 흥미와 기호를 분명히 파악하고 주도적으로 화제를 꺼내야 한다. 이로써 대화를 한 단계씩 진척시킨 다음, 시기가 무르익었다 싶으면 완곡한 말로 당신의 진정한 목적을 드러내는 것이다. 이때 상대는 당신의 말을 들어주고 싶지 않더라도 체면을 생각해 거절할 수 없는 상황에 놓이게 된다.

'견해가 다른 사람 사이에는 반 마디 말도 많다'고 했다. 상대의 흥미를 파악해 이에 맞춰 이야기하면 대화가 끊이지 않고, 대화를 나눌수록 더욱 의기투합하게 된다. 이로써 효과적으로 소통할 수 있다.

타인의 말속,
숨은 뜻을 이해하라

'언중유골'이란 말에 숨은 뜻이 있다는 의미다. 이는 일상과 다양한 상황에서 빈번히 볼 수 있다. 예컨대 동료가 당신을 격려한다고 치자. 그런데 사실 그의 말에는 당신의 행동을 부정하는 의미가 담겨 있을 수 있다. 또 친구가 당장이라도 당신을 도와주겠다고 이야기를 했다 치자. 그러나 친구의 말에는 사양의 의미가 담겼을 수도 있는 것이다. 때로 상대가 아무 말도 하지 않아도 우리는 그 침묵에 담긴 의미를 확실히 알고 있다. 이처럼 상대의 진정한 의도를 확실히 파악하기 위해서는 소통 과정에서 말속을 이해하는 법을 배워야 한다.

양카이는 대학을 졸업하고 한 광고 회사에 들어갔다. 그는 광고 기획 프로젝트를 하나 맡게 되었다. 총감독은 프로젝트 그룹의 모든 구성원에게 기획안을 한 부씩 제출하라고 했다. 양카이의 기획안을 본 총감독은 잠시 침묵하더니 평가를 내렸다.

"이거 말이지, 꽤 재미있는 것 같은데……."

양카이는 총감독이 자신의 기획안을 굉장히 마음에 들어 한다고 생각했다. 자신감이 붙은 양카이는 초과 근무도 하고 이따금 총감독의 의견도 물으면서 자신의 기획안을 보완했다. 그러나 총감독이 채택한 기획안은 양카이의 것이 아니었다. 게다가 그 후로는 양카이를 약간 차갑게 대했다.

당혹감에 휩싸인 양카이는 동료의 지적을 통해 총감독의 말이 자신의 기획안을 인정하는 뜻이 아니었음을 깨닫게 되었다. 오히려 총감독은 양카이의 기획안이 마음에 들지 않았기 때문에 '꽤나 재미있다'는 말로 격려하며 양카이를 돌려보낸 것이었다.

총감독의 말에 담긴 부정적인 의미를 알게 된 양카이는 탄식했다.

"학창 시절에는 다른 사람의 말을 있는 그대로 받아들이면 되었는데 역시 사회생활은 완전히 다르구나. 상대의 안색과 말을 살피고 그 말에 숨은 뜻을 이해하지 않으면 안 되겠네."

칼릴 지브란은 말했다.

"누군가를 이해하고 싶다면 그가 말하는 것이 아니라 말하지 않은 것을 들어야 한다."

대부분 자신의 진실한 의견과 생각을 직접적으로 표현하지 않는다. 그러나 그의 감정이나 의견은 항상 그 말속에 있게 마련이다. 타인의 '말속'을 이해하고, 상대의 진정한 생각을 정확히 읽어내고 싶다면 평소 관찰력과 해독력을 기르는 훈련을 해야 한다. 또한 다른 사람의 말을 너무 곧이곧대로 믿어서는 안 된다. 그렇게 할 때 비로소 적절한 대화전략을 수립할 수 있고, 상대의 마음에 닿는 말을 할 수 있다.

'징소리를 들을 때는 그 소리를, 사람의 말을 들을 때는 그 의미를 들어야 한다'는 말이 있다. 어떤 정보든지 겉으로 드러나는 직접적인 의미가 있으면 함축적인 의미도 있는 법이다. 우리는 상대의 말을 듣고 분석해 상대의 의도를 정확히 깨달아야 한다. 상대의 말속을 민감하게 포착하되 과도한 주관적 억측을 삼가야 오해에서 비롯되는 감정적 소통의 장애를 방지할 수 있다.

사람들은 소통할 때 다양한 이유로 의미를 완곡하게 함축한 말을 하거나 대화를 얼버무리며 자신의 의견을 표현한다. 이처럼 말에 숨은 뜻을 포착하기 위해 듣는 사람은 상대의 말투, 어조, 표정, 태도, 대화 배경에 주의해야 한다. 그래야만 상대의 말에 담긴 진정한 의미를 이해할 수 있고, 이를 바탕으로 정확한 판단을 내리고 반응할 때 쌍방의 교류 및 소통 효과를 높일 수 있다.

말
재
주

Chapter 3
마음과 말을
결합시킨 대화술로
상대에게
마음을 전하라

전진을 위한 후퇴로
목적을 달성할 수 있다

'두 사람이 좁은 길에서 만나 서로 양보할 여지가 없을 때는 용감한 자가 승리한다'는 옛말이 있다. 우리는 상대를 설득할 때 주도권을 쥐고 대화의 양상을 제어해야 한다. 그러나 일방적으로 맞서는 것이 최선의 해결책이 아닐 때도 있다. 이때 전진을 위한 후퇴는 상대를 설득시키는 전략 중 하나다.

전진을 위한 후퇴란 한 발 양보함으로써 전진할 여지를 마련하는 것이다. 후퇴는 표면적 현상이며 형식적 양보이므로 상대에게 심리적 만족을 준다. 이에 상대는 경계를 풀고 보답을 통해 우리의 요구를 만족시키려 하는데, 이때 진짜 목적을 요구로 제시해야 한다. 인간관계에서 전진을 위한 후퇴는 먼저 한 걸음 양보해서 상대를 순순히 따르는 것처럼 보이게 한 다음 주도권을 쥐어 공세로 전환하는 것이다.

제나라의 안자가 명령을 받고 초나라에 갔다. 그는 몸집이 왜소하다는 이유로 초나라의 왕에게 비웃음을 당했다.

"제나라에는 그리도 인물이 없는가?"

그러자 안자가 대답했다.

"제나라의 대로를 오가는 행인은 소매를 한번 휘두르면 태양을 가릴 수 있고, 흘리는 땀은 마치 비와도 같습니다. 사람들이 발 디딜 틈 없이 붐빌 정도인데 어찌 인물이 없을 수 있겠습니까?"

초나라 왕은 조롱을 멈추지 않았다.

"그리 사람이 많은데 어째서 당신 같은 이에게 외교를 맡기는 것인가?"

안자는 대답했다.

"제나라에서는 가장 능력 있는 사람을 가장 현명한 국왕에게 보냅니다. 그리고 가장 발전성이 없는 사람을 가장 미련한 국왕에게 보내지요. 저는 제나라에서 가장 발전성이 없는 사람이라 전하의 나라에 파견된 것입니다."

안자의 말에 초나라 왕은 무안해서 귀밑까지 빨개졌다.

안자의 답변이 바로 전진을 위한 후퇴다. 자기가 모자란 사람이라 초나라에 오게 되었다고 폄하하는 것은 바로 '후퇴'다. 그러나 이 말이 실은 초나라 왕의 무능을 풍자하는 '전진'이다. 안자는 부드러운 말로 한 발 물러나 초나라 왕의 모욕을 막아내고 반격했다.

전진을 위한 후퇴는 현명한 사람들이 자주 사용하는 방법 중 하나다. 이는 나약하고 위축된 듯 보이지만 실은 실력을 축적하고 발전을 가속시킨다. 전진을 위한 후퇴에서는 임기응변이 중요하다. 상대의 말이나 행동에 신속하게 반응해 열세를 만회하고 역전해야 한다.

　곤란한 상황을 마주했을 때, 우리는 무작정 부딪치기보다는 '전진을 위한 후퇴'를 이용해 다시 일어날 기회를 찾아야 한다. 한 걸음 물러서는 이유는 두 걸음 전진하기 위해서임을 명심하라. 전진을 위한 후퇴는 당신의 설득력을 더욱 높여준다.

입장을 바꾸어 생각하면
또 다른 면을 발견할 수 있다

인간관계에 유용하게 쓰이는 사고방식에 '역지사지'가 있다. 이는 관용과 이해로 다른 사람의 각도에서 생각하는 것인데, 상대에 대한 관심과 애정에서 비롯된다. 역지사지는 사람과의 교제에서 가장 기초적인 부분이다.

누구나 사회에서 일정한 역할을 하며 살아가는데, 이 역할은 다른 사람과의 교류 과정에서 구체적으로 드러난다. 누구나 자신의 관점으로 다른 사람의 행위를 판단하는 습성이 있기에 사람의 인식은 다소 일방적이다. 예컨대 고객과 영업 사원 사이에 충돌이 발생한 경우 고객은 영업 사원이 책임을 다하지 않았다고 생각하고, 영업 사원은 고객이 번거로운 말썽을 일으킨다고 생각한다. 상사와 부하 직원의 경우, 상사는 부하 직원이 자신의 지시를 따르지 않는다고 생각하고, 부하 직원은 상사가 실무를 모른다고 생각한다. 각자 맡은 역할이 다르기 때문에 서로를 이해하지 못한 채 항상 충돌과 소통 장애를 야기하는 것이다.

소통을 원한다면 입장을 바꾸어 생각해보아야 한다. 즉, 상대를 위해 생각하고, 상대 입장에서는 자신이 처한 상황이 어떻게 보일지를 고려하는 것이다. 그러면 상대의 행동과 태도를 합리적으로 이해할 수 있다.

상하이 출신의 샤오왕은 후난 출신의 샤오딩과 결혼했다. 결혼 후 두 사람 사이는 그럭저럭 좋은 편이었지만 항상 '먹는 문제'로 충돌했다. 단맛을 좋아하는 샤오왕은 음식을 만들 때 설탕을 많이 넣었다. 반면 매운 맛을 좋아하는 샤오딩은 반드시 고추를 넣었다. 이 문제로 말다툼이 오가면서 부부 사이에 균열이 생겼고 결국 이혼에 이르렀다.

이듬해, 한 남자가 샤오왕에게 사랑을 고백했다. 샤오왕은 다시 난처해졌다. 두 번째 남편 샤오마는 매운 맛에 둘째가라면 서러워하는 쓰촨 출신이었기 때문이다. 첫 번째 결혼 실패를 교훈 삼아 그녀는 심사숙고 끝에 묘책을 강구해냈다. 결혼 후 처음 식사를 할 때 그녀는 자신이 요리를 만들겠다고 나섰다. 그녀는 모든 요리에 고추를 집어넣었고, 샤오마는 아주 맛있게 먹었다. 그런데 샤오왕이 땀을 뻘뻘 흘리고 있는 것을 본 그가 물었다.

"매운 걸 좋아하지도 않으면서 왜 이렇게 고추를 많이 넣은 거야?"

샤오왕은 마음속으로 흐뭇해하며 대답했다.

"당신이 고추를 좋아하니까 그렇지!"

샤오마는 매우 감동했다. 둘째 날, 샤오마는 직접 요리한 모든 음식에 설탕을 집어넣었다. 자신의 입맛에 딱 맞는 요리에 놀란 샤오왕이 남편에게 물었다.

"자기는 단 거 싫어하면서 왜 모든 요리에 설탕을 넣은 거야?"

샤오마는 활짝 웃어 보였다.

"당신한테 배운 거야. 모든 걸 상대의 입장에서 생각하는 거!"

'역지사지'가 이렇게 중요한 일임을 그제야 깨달은 샤오왕은 흐르는 눈물을 참지 못했다.

같은 상황에서 처리 방법을 달리하니 완전히 다른 결과가 나왔다. 역지사지의 사고방식이 중요한 작용을 한 것이다. 상대의 입장에서 생각하는 법을 배우면 상대와 마음에서 우러나는 소통이 가능하고 서로를 더욱 이해할 수 있다.

사실, 사람의 인식은 주관적 견해 등 다양한 조건의 제한을 받기 쉽다. 그 제한의 틀을 벗어나지 못하면 정확한 인식을 할 수 없다. 역지사지는 다른 사람과 소통할 때 제한의 틀을 벗어나게 해준다. 상대 입장에서 문제를 관찰하고 분석하면 기존의 부정확한 인식은 분명 변화할 것이다.

마쓰시타 고노스케는 가격 협상 시간을 단축시켜 대화의 효율을 높이고 싶었다. 그러나 항상 누구도 양보하려 하지 않아 시간을 낭비하기 일쑤였다. 그는 상대 또한 선량한 비즈니스맨이라고 생각했기에 누구도 곤경에 빠지는 상황은 원치 않았다.

23세 때, 그는 누군가에게서 '범인의 권리'를 듣고 한 가지 인생철학을 깨달았다. 상대의 입장에서 문제를 생각해야 한다는 사실이었다. 이를 바탕으로 그는 협력 파트너와의 협상에서 비약적인 발전을 이루었다. 사람들은 누구나 그와 함께 일하고 친구가 되기를 원했다.

'범인의 권리' 내용은 다음과 같다.

한 남자가 큰 범죄를 저질러 독방에 감금되었다. 교도관은 자살 방지를 위해 그의 신발 끈과 허리띠를 압수했다. 그래서 죄수는 한 손으로 바지를 추켜올리고 감방 안을 천천히 거닐 수밖에 없었다. 철문에 난 작은 구멍으로 넣어주는 식사는 개나 돼지도 먹지 않을 정도로 형편없어서 그는 식사를 거르기 일쑤였다. 홀쭉해진 배를 손으로 어루만지고 있을 때 어디선가 그가 좋아하는 시가 냄새가 났다. 음식을 넣어주는 작은 구멍을 통해 그는 한 간수가 복도에 서서 연기를 깊이 빨아들였다가 천천히 내뿜는 모습을 보았다. 시가가 너무 피우고 싶었던 그는 있는 힘껏 문을 두드렸다.

"왜 그러는가?"

"교도관님, 제발 시가 한 대…… 당신이 피우는 시가 한 대만 주세요."

하지만 간수는 죄수의 말을 무시하고 가버렸다.

죄수는 자신이 인간으로서의 권리와 선택 권리 또한 있다고 생각했다. 그는 자신의 판단을 검증하기 위해 철창문을 두드렸다.

간수는 연기를 내뿜으며 화가 난 얼굴로 죄수 쪽을 바라보았다.

"또 무슨 일이야?"

"교도관 선생, 삼십 초 이내에 당신의 시가를 내게 하나 건네시오. 그러지 않으면 나는 피와 살이 떡이 되도록 머리를 콘크리트 벽에 부딪칠 거요. 교도소 당국이 나를 취조할 때 나는 당신이 한 짓이라고 이야기할 거요. 당신은 공청회가 열릴 때마다 반드시 출석해야 하고 모든 공청회 위원에게 자신의 무고를 증명해야 할 거요. 게다가 당신이 작성해야 할 보고서를 한번 생각해보시오. 이는 모두 당신이 나에게 싸구려 시가 한 대를 건네주지 않아서 벌어지게 될 일이오! 시가 한 대만 주면 나는 절대 귀찮은 일을 일으키지 않을 거요."

그러자 간수는 죄수에게 시가를 건네주고 불까지 붙여주었다. 간수는 왜 이렇게 행동했을까? 간수는 죄수가 말한 상황이 발생했을 경우에 자신에게 돌아올 이해득실을 즉시 깨달은 것이다. 간수의 입장과 금기 사항을 훤히 꿰뚫고 있던 죄수는 결국 시가 한 대를 얻었다.

마쓰시타 고노스케는 협상 시 상대가 무엇을 원하고 또 무엇을 잃고 싶지 않은지를 상대의 입장에서 생각해보기로 했다. 상대의 관점에서 문제를 보는 법을 깨달은 그는 진리를 발견한 즐거움을 얻었다. 훗날 그는 이를 바탕으로 마쓰시타전기산업을 이끌었다.

타인을 이해하고 싶다면 상대와 입장을 바꾸어 생각하며 소통할 필요가 있다. 상대의 입장에서 문제를 사고할 때, 우리는 상대의 생각과 심리 상태를 더욱 정확히 이해할 수 있다. 또한 소통을 더욱 원활히 하는 포인트를 찾을 수 있다. 만약 자기 의견만 강조하고 상대의 생각을 헤아리지 않으면 상대는 당신을 진심으로 받아들이지 않을 것이다.

입장을 바꾸어 생각하면 상대를 더욱 깊이 이해하고 원활한 소통을 이끌 수 있다. 역지사지는 관계를 더욱 가깝게 하고 감정을 돈독히 만들어주는 교량이자 연결고리이다.

에두른 말로
상대를 설득하라

　자기 생각을 표현할 때, 직접적인 말보다는 '에두른 말'로 목적을 달성하는 경우가 있다. 에두른 말에는 가시가 없기 때문에 상대는 흔쾌히 당신의 뜻을 이해하고 받아들인다. 따라서 본론에 들어가기 전에 우선 에두른 말로 포석을 깔 필요가 있다. 그런 다음 한 걸음씩 본론에 다가가면 양호한 효과를 거둘 수 있다.

　에두른 말은 반대 의견을 나타내면서도 서로의 마찰을 감소시켜 직접적인 충돌을 피하게 한다. 또한 상대는 감정에 좌우되지 않고 당신의 관점에서 생각할 수 있다. 따라서 타인을 설득할 때는 성실한 태도를 갖추고 에두른 말로 자신의 의견을 피력할 방법을 곰곰이 연구해야 한다. 특히 상대가 자신의 의견을 고집하며 그 어떤 설득도 통하지 않을 때 에두른 말을 사용하면 서로 첨예하게 대치하는 상황을 피할 수 있다.

춘추전국 시대, 오왕은 초나라를 공격할 준비를 하고 있었다. 이 계획이 반대에 부딪힐 것을 알고 있었던 그는 좌우 대신들에게 말했다.

"초나라를 공격하는 데 반대하는 자가 있다면 누구든지 죽음을 면치 못할 것이다."

대신들은 오왕의 계획에 찬성하지 않았지만 감히 지적하지 못했다. 만약 초나라를 공격한다면 오나라도 큰 손실을 입을 것이 분명했다. 그러던 중 궁정 시종 소유자는 오왕에게 간언할 한 가지 방법을 생각해냈다.

어느 날, 오왕은 온몸이 땀에 흠뻑 젖어 돌아다니고 있는 소유자를 발견했다. 어찌 된 일인지 묻자 소유자가 대답했다.

"소인은 활을 가지고 뒤뜰에서 새를 잡으려 하고 있었습니다. 그러다 기묘한 광경을 발견했습니다. 매미 한 마리가 나무에 앉아 울면서 이슬을 마시고 있었는데 마침 그 뒤에서 사마귀 한 마리가 매미를 노리고 있는 것이 아니겠습니까! 그러나 매미는 이를 전혀 깨닫지 못했습니다. 사마귀는 몸을 구부린 채 한 걸음씩 매미에게 다가가고 있었습니다. 그렇지만 사마귀도 모르는 사실이 있었지요. 참새 한 마리가 멀지 않은 나뭇가지에서 사마귀를 잡아먹으려 날아올랐습니다! 참새는 목을 길게 뻗어 사마귀를 입에 넣었지요. 바로 그때 저는 활을 조준하여 참새를 맞혔습니다. 이 작은 생물들이 모두 앞만 보고 뒤는 살피지 않아 위험한 곤경에 처했습니다! 이 장면을 보고 이런저런 생각을 하고 있노라니 이슬에 옷이 전부 젖어버렸습니다!"

오왕은 소유자가 무슨 말을 하는지를 금방 깨달았다. 그는 초나라를 공격하려던 계획을 포기하기로 결정했다.

소유자는 에두른 말을 선택하여 간언했다. 그는 세 가지 생물을 예로 들어 오로지 눈앞의 이익에만 급급하고 뒤에 이어질 재난을 알지 못하는 어리석음을 비유했다. 이에 오왕은 그의 간언을 받아들였다. 이처럼 상대를 설득할 때 에두른 말로 반대 의견을 드러내면 좀 더 효과적으로 상대의 생각을 변화시킬 수 있다.

물론 직접적인 말은 상대에게 당신이 솔직하고 시원시원한 사람이라는 인상을 줄 수 있다. 그러나 상황이나 장소를 고려하지 않은 '직언'은 삼가야 한다. 부적절한 '직언'은 상대에게 부정적인 뉘앙스를 주므로 좋은 효과를 얻지 못한다. 상대는 당신의 직언에 반감과 심리적 부담을 느낄 것이다. 그 결과 당신은 말로 상대의 마음을 사로잡기는커녕 조화로운 인간관계를 해쳐 불리한 상황에 빠질 것이다. 적절한 시기에 에두른 말을 할 줄 알아야 한다. 에두른 말은 '예리한 뜻'을 숨기거나 '모난 귀퉁이'를 둥글게 만들어주어 듣는 이가 더 쉽게 당신의 의견을 받아들일 수 있게 한다.

일부러 원래의 의미와 관련 있거나 비슷한 사물을 예로 들어 숨겨진 뜻을 부각시키는 대화법이 있는데, 이를 '곡경통유(曲徑通幽)'라 한다.

에두른 말은 상대의 기분을 해치지 않으면서 설득할 수 있는 효과적인 방법 중 하나다. 그러므로 상대를 설득하는 과정에서 언어를 미묘하게 운용해 완곡히 표현해야 한다. 그러면 쌍방이 난처한 상황에 빠질 염려 없이 대화의 목적을 달성할 수 있다.

심리적 공감은
상대를 당신 편으로 만든다

당신이 아무리 올바르고 절대적인 진리를 말해도 상대의 공감이나 동조를 얻지 못하면 이는 공염불이나 마찬가지다. 상대가 당신의 말에 찬성하려면 우선 상대가 당신을 좋은 친구로 여겨야 한다. 그러면 당신의 생각은 상대에게 곧바로 전달되고 쉽게 상대의 공감을 얻을 수 있다.

대학을 갓 졸업한 신입 사원이 들어왔다. 그는 항상 자기 멋대로 행동했으며 하루 종일 웃는 얼굴을 보이지 않았다. 게다가 주도적으로 남에게 말을 걸지도 않았고 항상 거만한 태도를 보였다. 이에 동료들은 의식적으로 그를 멀리했다.

부서의 과장은 이 모든 상황을 지켜보고 있었다. 경험이 풍부한 과장은 신입 사원에게 분명 말하기 힘든 사정이 있을 것임을 직감했다. 과장은 여러모로 그를 주의 깊게 관찰하며 그에게 접근할 모든 기회를 이용했

다. 매일 출근할 때 과장은 신입 사원에게 살갑게 인사했고 퇴근할 때도
꼭 한마디씩 건네곤 했다.

"자네 퇴근하면 뭐 하나?"

그렇게 시간이 흘렀고 과장의 끈기 있는 행동은 드디어 결실을 맺었다.
신입 사원은 과장에게 자신의 고충을 토로했다. 실연한 지 얼마 되지 않
았는데 하루하루가 너무 고통스럽다는 것이었다. 그러자 과장은 의미심
장한 말로 그를 일깨웠다.

"삶은 결코 자네에게 공평하지 않지. 문제는 자네 스스로 부정적인 생각
을 극복하려는 마음이 없다는 거야. 실연은 물론 큰 충격이겠지만 세상
모든 일은 처음부터 다시 시작할 수 있어. 이번 실연을 평생 짊어지고 살
건 아니잖아? 자네가 자기 자신을 어떻게 대하는지는 상관없지만 다른
사람은 잘 대해야지. 특히 자네 동료들 말이야. 왜 자네의 불쾌한 기분을
다른 사람들한테까지 전염시키나?"

과장의 진실한 조언에 신입 사원은 큰 깨달음을 얻었다. 그 후로 그는 완
전히 새로운 태도로 업무에 임했고 동료들과도 잘 지내게 되었다.

마음을 잇는 가장 좋은 방법은 바로 대화다. 마음에 닿는 대화는
상대의 감정을 변화시키고 공감을 불러일으킨다. 이것이 바로
소통하는 목적이다. 감성적 동물인 사람의 마음을 움직이는 것은 바
로 감정이다. 심리학자들은 사람의 모든 심리 활동에는 감정이 수반
된다고 여겼다. 감정은 사람의 인식과 객관적 세계를 변화시키는 내
면의 강력한 힘이다.

인간관계에서도 감정은 매우 중요하다. 상대와의 '공감 포인트'를

파악해 자신의 감정을 전달하면 효과적으로 공감을 불러일으킬 수 있다. 그러면 상대는 감정을 느끼면서도 이성적으로 생각하게 되고, 무의식중에 당신의 생각을 받아들이게 된다.

링컨이 일리노이주 남부에서 연설할 때의 일이다. 그 지역 주민들은 굉장히 난폭해서 공공장소에서도 칼이나 총기를 가지고 다녔다. 그들은 노예제도에 반대하는 이들을 매우 증오했기에 켄터키 및 미주리 지역에서 온 노예주들과 함께 연설 현장을 난장판으로 만들고자 했다. 그들은 링컨이 자신들의 땅에서 연설을 하면 노예해방을 주장하는 사람들을 쫓아내고 링컨을 사지로 몰아넣을 것이라고 협박했다.

링컨은 자신이 매우 위험한 상황에 놓였음을 잘 알았지만 다음과 같이 말했다.

"그들이 나에게 말할 기회를 준다면 우리는 분명 열렬한 악수를 나눌 수 있을 것이다."

결국 그는 연설에 임하게 되었다.

"일리노이주와 켄터키주 그리고 미주리주의 형제 여러분, 듣자 하니 여기에 저를 괴롭히려는 사람이 있다고 합니다. 나는 그들의 행동을 정말 이해할 수 없습니다. 나는 여러분처럼 진솔하고 평범한 사람입니다. 그런데 왜 나에게는 여러분처럼 의견을 발표할 권리가 없습니까? 형제 여러분, 나는 여러분의 일원입니다. 나는 켄터키주에서 태어나 일리노이주에서 자랐습니다. 여러분과 마찬가지로 어려운 환경에서 필사적으로 살아왔습니다. 나는 여러분에게 불리한 일을 하지 않을 것이며 마찬가지로 여러분도 절대 나에게 불리한 일을 하지 않을 것을 믿습니다. 형제 여러분, 우리는 좋은 친구가 될 수 있습니다. 나는 세상에서 가장 겸손한 사람이 되자는 뜻을 세웠습니다. 나에게 몇 마디 말할 기회를 주십시오. 그리고 마음을 가라앉히고 들어주십시오. 지금부터 우리가 함께 심각한 문제에 대한 토론을 할 수 있기를 진심으로 원합니다."

링컨의 표정은 매우 온화했고 목소리는 감성적이면서도 간절했다. 이처럼 완곡하고 적절한 연설의 도입부 덕분에 그를 적대시하던 사람들은 증오를 가라앉혔다. 대부분의 사람은 링컨의 친구가 되었고, 연설에 큰 갈채를 보냈다.

링컨은 연설로써 청중과 일종의 심리적 공감을 조성했다. "나는 여러분의 일원입니다" 하면서 청중의 적의를 없애고 심지어 지지를 얻어냈다.

인간관계에서 처음부터 상대의 공감을 이끌어내기란 매우 어려운 일이다. 따라서 우선 대화를 진행해갈 수 있도록 상대의 흥미를 유도한 다음, 한층 깊은 이야기를 통해 서로를 이해해야 한다. 이는 당신이 누군가를 설득하거나 부탁할 때도 마찬가지다. 처음부터 상대가 꺼리는 화제를 꺼내서는 안 된다. 상대가 흥미를 느끼는 화제로 대화를 시작해보라. 그리고 섣불리 자신의 의도를 드러내지 말고 상대가 조금씩 당신의 의견에 동의할 때까지 기다리는 것이다. 그러면 분명 상대는 당신의 편이 될 것이다.

권위 효과를 이용하면
상대는 당신을
더욱 신뢰한다

심리학에 권위 효과라는 개념이 있다. 이는 권위 암시 효과라고도 하는데, 지위가 높고 존경받는 사람이 하는 말과 행동이 사람들에게 쉽게 받아들여지고 신뢰도가 높다는 것이다. 즉, '사회적 지위가 낮은 사람의 말은 경시되고, 높은 사람의 말은 중시된다'는 의미다.

한 심리학자가 강의 때 외부에서 초청한 러시아 교수를 소개했다. 심리학자는 그를 러시아에서 매우 유명한 화학자라고 이야기했고, '유명한 화학자'는 증류수를 담은 물병을 꺼내 그것이 새로 발견한 화학 물질의 일종이며 특유의 냄새가 있다고 설명했다. 그가 냄새를 맡은 사람은 손을 들라고 이야기하자 대다수의 학생이 손을 들었다. 본래 아무 냄새가 날 리 없는 증류수인데도 '권위'를 지닌 화학자의 말과 암시에 의해 대다수의 학생이 냄새가 난다고 믿어버린 것이다.

이것이 바로 권위 효과가 지닌 오묘한 힘이다. 사람들이 모인 곳에는 항상 권위 효과가 존재하게 마련이다. 사람들은 보편적으로 권위에 존경을 품고 있기 때문에 쉽게 믿고 복종하며, 이로써 권위는 더욱 강력한 영향력을 갖게 된다. 대부분의 경우, 권위 효과를 이용하면 상대의 행동을 변화시키고 영향을 끼칠 수 있다.

항해가 마젤란은 스페인 국왕 카를로스의 전폭적 지지를 얻어 세계 일주라는 쾌거를 이룩했다. 이로써 지구는 둥글다는 사실이 증명되었고, '하늘은 둥글고 땅은 네모나다'는 개념에 변화를 가져왔다. 마젤란은 어떻게 자신의 항해를 지원하도록 국왕을 설득했을까? 마젤란은 저명한 지리학자 루이 파레이로와 함께 국왕을 설득하러 갔다.

당시는 콜럼버스의 성공적 항해 덕분에 많은 사기꾼이 '항해'를 명목으로 황실의 금전을 사취하던 때다. 그랬기에 국왕은 소위 항해가에 대해 회의적인 태도를 보였다. 그런데 마젤란과 동행한 파레이로는 오랫동안 사람들의 인정을 받은 지리학계의 권위자였다. 국왕은 그를 존중했을 뿐만 아니라 매우 신뢰했다.

파레이로는 국왕에게 마젤란이 반드시 항해를 해야 하는 이유와 다양한 장점을 하나하나 열거했다. 국왕은 권위 있는 지리학자를 믿고 흔쾌히 마젤란의 항해 계획을 지지하였다. 이것이 바로 권위 효과다.

권위는 일종의 힘이다. 인간관계에서 권위 효과를 이용하면 상대는 당신에게 권위가 있다는 이미지를 갖게 된다. 권위 있는 직함이나 신분은 사람들이 당신을 다시 보게 만든다. 상대는 당신을 더욱 존중하고 신뢰하며 더 쉽게 당신의 의견을 받아들이고 찬성한다. 그들은 자신의 태도와 행동을 변화시켜서라도 당신의 암시와 제안에 따르려 하므로 상대의 태도와 행동을 리드하거나 변화시키려는 목적을 달성할 수 있다.

　요컨대 권위 효과는 타인의 심리를 유도하는 암시의 일종이자 가장 흔히 볼 수 있는 설득의 기술이다. 권위 효과를 적절히 이용하면 사람들은 당신의 행동과 관점을 더욱 지지하고 신뢰한다. 이로써 상대의 태도와 행동을 당신에게 유리한 방향으로 이끌거나 변화시키는 목적을 달성할 수 있다.

절묘한 자극은
상대를 당신 편으로 만든다

새로운 장군을 파견하는 것보다는 기존의 장군을 자극해 분발시키는 것이 낫다는 말이 있다. 상대를 자극해 분발하게 만드는 방법은 사람의 자존심과 역반응 심리를 이용한다. 원하는 결과와 반대의 각도에서 상대의 반발심을 자극해 상대 스스로 분발하고 향상하려는 내면의 역량을 유도하는 것이다. 그러면 상대는 잠재력을 충분히 발휘해 기대 이상의 좋은 결과를 내놓는다.

제갈량은 주유와 연합 세력을 설득해 공동으로 조조에 저항했다. 조조의 대군이 남하할 때 유비에게는 맞설 방법이 전혀 없었다. 그래서 제갈량을 동오에 보내 도움을 얻을 수 있도록 설득했다.

제갈량은 동오의 도움을 얻기 위해서는 먼저 동오의 군사권을 쥔 주유를 설득해야 한다는 사실을 잘 알고 있었다. 그러나 주유와 동오 측은 조조와의 전쟁을 원하지 않았다. 그래서 제갈량은 주유를 설득시킬 계책을 짰다.

제갈량은 노숙을 동반해 주유를 만나러 갔다. 주유는 현재의 군사 상황에 대한 노숙의 보고를 듣고 나서 말했다.

"이러한 상황에서는 조조에게 투항할 수밖에 없다고 생각하오."

주유는 제갈량의 반응을 보고 그의 의도를 분명히 파악하기 위해 떠본 것이다. 주유의 목적을 파악한 제갈량은 웃으며 말했다.

"동오는 사실 크게 걱정할 필요 없습니다. 여러분에게는 대교와 소교가 있지 않습니까. 두 미녀만 조조에게 갖다 바치면 조조의 백만 대군은 아무 조건 없이 철수할 것입니다."

이어서 제갈량은 높은 목소리로 조식의 '동작대부(銅雀臺賦)'를 낭송했다. 그러고는 이를 해석하며 말했다.

"이 부는 조조가 장하에서 동작대를 건축할 때 그의 아들 조식이 부친의 업적을 칭송하기 위해 지은 것입니다. 부의 의미는 다음과 같습니다. '이처럼 풍경이 아름다운 장하 지역에 궁전과 화려한 누각을 지으니, 그야말로 천상의 아름다움일세. 분명 동오의 대교와 소교 두 미녀가 그곳에 숨어 있겠지.' 저는 동오가 나라의 평안을 위해 대교, 소교를 희생하는 일은 나무에서 나뭇잎 두 개를 떼어내는 것과 같다고 생각합니다. 그러니 부디 대교와 소교를 조조에게 보내십시오. 그러면 장군은 아무 걱정할 필요가 없고 문제는 저절로 해결됩니다."

주유는 제갈량의 말에 크게 화를 냈다. 그는 술잔을 매섭게 바닥에 던지며 소리쳤다.

"조조, 이 나쁜 놈! 사람을 업신여겨도 분수가 있지!"

이 틈을 타 제갈량은 주유에게 현재의 형세를 설명했고, 조조에게 대항

하고자 하는 주유의 결심은 더욱 굳어졌다. 다음 날, 주유는 손권에게 전쟁을 제안했다.

"소인에게 수만의 정예병을 내려 하구를 공격하게 해주십시오. 반드시 조조의 군대를 대파하겠습니다."

제갈량은 성공적으로 동오와 연맹을 이루었다.

사람의 행동은 이성뿐만 아니라 감정의 지배도 받는다. 자극적인 말은 상대의 이성을 흔들어 감정적인 충동에 휩싸이게 만든다. 그러므로 상대를 자극하는 말은 경험이 적고 쉽게 동요하는 사람에게 사용하는 것이 가장 좋다.

알프레드 스미스가 뉴욕 주지사일 때, 싱싱 교도소는 관리가 어려운 곳으로 악명 높았다. 교도소를 엄격하게 관리할 교도소장을 뽑기 위해 여러 사람을 심사한 스미스는 로스를 불러들였다.

"싱싱 교도소 소장을 맡아보지 않겠소?"

로스는 그것이 얼마나 고된 임무인지 잘 알고 있었기 때문에 크게 놀랐다. 싱싱 교도소에 가고 싶어 하는 사람은 아무도 없었다. 그는 과연 소장 업무를 맡을 가치가 있는지를 생각했다. 로스가 망설이자 스미스가 말했다.

"두려운가? 젊은이, 나는 자네를 책망하지는 않겠네. 그렇게 중요한 직책은 대단한 인물이나 감당할 수 있는 것이지."

스미스의 자극적인 말에 일순간 의욕이 생긴 로스는 흔쾌히 직책을 받아들였다. 그는 부임 후 대담한 개혁을 진행해 범죄자들의 교육 및 감화 업무에 전력을 가했다. 그는 훗날 가장 영향력 있는 교도소장이 되었다.

사람은 역반응 심리 때문에 남들이 말리는 일일수록 더욱 하고 싶어 한다. 특히 호승지벽(好勝之癖)이 강하고 성격이 급한 사람은 기분이 고조되면 '자극하는 말'만으로 쉽게 설득당한다.

맹자는 "성인이 한번 노하면 세상을 편안하게 만든다"고 말했다. 상대를 자극하는 법을 소통에 절묘히 사용하면 상대의 기존 입장을 변화시키고, 서로의 엇갈린 의견을 원만히 수습할 수 있다.

샤오왕은 능력은 있지만 평소 열심히 일하는 편은 아니었다. 그에게 사장이 말했다.

"샤오왕, 이 일은 자네에게 맡길 수밖에 없어. 자네가 평소 업무를 잘 처리하지 않는다는 사실은 알고 있지만, 뭐 따로 방법이 없네. 우리 회사는 지금 일손이 너무 부족해. 그러니 자네도 최선을 다해 업무를 완성해주기를 바라네."

사장의 말에 샤오왕은 마음이 언짢았고 심지어 반발심이 일었다. 그는 속으로 생각했다.

'내가 업무 처리를 잘 못한다고? 그럼 본때를 보여주지!'

그는 분노를 업무 역량으로 전환시켜 최선을 다해 일했다.

모 회사에서 인사제도 개혁을 위해 중간 간부에 걸맞은 사람을 초빙하는 공고를 내기로 결정했다. 공고를 본 사람들은 모두 능력과 기술을 겸비한 기술자 샤오타오를 떠올렸다. 그러나 이런저런 이유로 샤오타오는 지원을 망설였다. 회사의 경영자가 그를 찾아갔다.

"샤오타오, 당신은 대학을 우수한 성적으로 졸업한 인재가 아니오? 나는 당신에게 꽤나 장래성이 있다고 생각하는데. 당신이 부서 하나를 책임지지 못할 사람이라고는 생각도 못했소. 나는 당신 능력을 높이 샀지만 이제 보니 그저 범재에 불과한 것 같군."

"제가 범재라고요?"

그는 벌떡 일어서며 말했다.

"아무래도 그 일은 제가 맡는 게 좋겠습니다."

그는 당장에 부서의 책임자 자리를 받아들였다.

위의 두 이야기는 '상대를 자극하는 법'을 사용한 전형적 사례다. 상대를 동요시키기 위해 일부러 자극적인 말로 상대방의 감정에 타격을 입힌 것이다. 그러면 상대는 반발심으로 인해 더 큰 역량을 발휘한다.

특정한 환경과 조건에서 상대의 투지를 불러일으키려면 직접적인 권고나 충고보다 일부러 얕잡아보는 척 자극하는 편이 더 낫다. 그러면 상대는 자존심과 자신감에 자극을 받아 더욱 분발할 가능성이 있다. 여기서 주의해야 할 점은 단순한 풍자나 비꼬는 말투로 상대를 자극하지 말고 '은밀한 뜻'이 숨겨진 말로 상대의 투지와 용기를 자극해야 한다는 것이다.

반복적인 말이나 행동은
상대의 잠재력을 제어할 수 있다

거짓말도 천 번 반복하면 사실이 된다고 한다. 과연 그럴까? 본래 거짓이었던 것이 여러 번 반복한다고 정말 사실이 될까? 혹시 거듭된 거짓말에 무감각해져서 거짓말을 이해하게 되는 것은 아닐까? 그러나 거짓말이 사실이 된다는 말은 꽤나 이치가 있다. '증삼살인(曾參殺人)'이라는 고사는 어쩌면 우리의 궁금증을 풀어줄지도 모른다.

증삼은 학문과 인품이 뛰어난 데다 효성으로도 이름이 난 군자였다.

어느 날, 증삼은 밖에서 일을 보고 있었고 그의 어머니는 집에서 천을 짜고 있었다. 그런데 누군가가 그의 집으로 뛰어 들어와 말했다.

"증삼이 살인을 저질렀어요!"

증삼의 모친은 아들을 굳게 믿었기 때문에 웃는 얼굴로 고개를 저었다.

"그럴 리 없어요. 증삼은 사람을 죽이지 않아요."

잠시 후 또 다른 사람이 뛰어 들어와 증삼의 어머니에게 말했다.

"큰일이에요. 증삼이 살인을 저질렀어요."

증삼의 어머니는 내심 놀랐지만 변함없는 말투로 말했다.

"그럴 리 없어요. 증삼은 사람을 죽이지 않아요."

하지만 연속으로 증삼이 살인을 저질렀다는 말을 듣자 어머니는 혹시나 하는 마음이 들었다. 비록 아들이 살인을 저지를 리가 없다고 믿기는 했지만 마음이 불안했다. 그녀는 아들이 돌아오기만을 기다렸다.

잠시 후 또 한 사람이 뛰어 들어왔다.

"증삼이 살인을 저질렀어요! 이미 관청에 잡혀갔는데 지금 판결을 받는 중이라나 봐요."

증삼의 어머니는 이제 그 말을 믿기에 이르렀다. 어머니가 안절부절못하고 있을 때 증삼이 집으로 돌아왔다. 어머니가 깜짝 놀라 물었다.

"아들아, 살인을 저질러 잡혀간 게 아니었니? 어떻게 집으로 돌아왔니? 혹시 네가 죽인 사람이 나쁜 사람이어서 벌을 받지 않아도 되었던 거니?"

증삼은 어머니의 말에 크게 웃었다.

"우연히 저와 이름이 똑같은 사람이 살인을 저질렀다고 합니다."

세 사람만 우기면 없던 호랑이도 생긴다는 말처럼 연속적으로 들려온 헛소문에 어머니는 아들을 의심하기에 이르렀다. 이처럼 헛소문은 뇌를 피로하게 해 진위를 판별하는 능력을 잃게 만든다. 그래서 '거짓말도 천 번을 반복하면 사실이 된다'는 말이 생겨난 것이다. 실제로 천 번을 반복해도 거짓말이 진실이 될 수는 없지만 우리는 천 번의 암시를 통해 거짓말을 진실로 믿어버린다. 한 집단 내에서 누군가가 자신의 관점을 세 차례 반복하면 다른 사람이 그 관점에 동의할 확률이 90퍼센트가 된다는 사실도 심리학자들의 연구를 통해 밝혀졌다.

우리는 사물을 인식하기 전에 먼저 정확한 감각과 직관을 가지고 있어야 한다. 그래야만 사물에 대한 이미지를 구축해 상상과 사고 단계에 진입할 수 있고, 자신의 관점과 제안을 다른 사람에게 어필할 수 있다. 그러므로 상대를 설득할 때 될 수 있는 한 반복해서 자신의 관점을 이야기해야 한다. 여기에 논리적인 근거를 더해 상대에게 깊은 인상을 남겨야 한다.

알리바바의 B2B 사업 모식(模式)은 중국 및 세계에서 특유한 인터넷 유형이다. 마윈은 알리바바 창립 전 중국의 인터넷 모식 모델을 미국에서 찾았고, 이에 위험을 감수한 투자자만이 여기에 투자했다. 알리바바는 완전히 새롭고 성공한 전례가 없는 스타일의 회사였다. 그래서 아무도 감히 알리바바에 거금을 투자하려 들지 않았다.

이를 해결하기 위해 마윈은 자신의 말재주를 충분히 이용하기로 했다. 그는 말했다.

"듣고, 단언하고, 반복해서 말하고, 전달하고, 그리고 또 단언하는 것이 하나의 단계입니다. 이를 열 번 전하고, 백 번 반복하면 당신은 최초가 될 수 있습니다. 실제로 많은 일이 바로 이렇게 이루어지고 있습니다."

알리바바 창업 초기에 B2B 사업 모식이 모두에게 신속히 받아들여질 수 있었던 이유는 바로 마윈이 전력을 기울인 반복, 보급과 선전 덕분이었다. 마윈은 마케팅 대사를 자처해 '연설 전도사'의 길을 걸었다. 1999년에서 2000년에 이르기까지 그는 끊임없이 비행기를 타고 여기저기 날아다녔다. 세계적인 경제 포럼에 참석하며 경제가 발전한 국가를 방문했다. 새로운 나라에 도착할 때마다 그는 열정적인 강연을 펼쳤다. 그는 '정확한 말'로 전 세계에 자신이 창시한 B2B라는 개념과 알리바바를 선전했다.

마윈은 한 달에 세 차례나 유럽을 방문했고, 일주일에 7개국을 돌아다니며 강연을 펼쳤다. BBC의 현장 생방송, 매사추세츠공업대학, 와튼스쿨, 하버드대학교, 세계 경제 포럼, 아시아 비즈니스 협회 등에서 강연할 때 그는 열정이 충만한 두 손을 휘두르며 관중에게 격정적으로 소리쳤다.

"B2B 모식은 분명 전 세계의 수천만 비즈니스맨의 업무방식을, 그리고 전 세계 수십억 사람의 삶을 바꿀 것입니다!"

이처럼 끊임없는 반복을 통해 마윈은 정말로 자신의 목적을 실현시켰다. 얼마 지나지 않아 그와 알리바바의 명성은 미국과 유럽의 많은 사람에게 기억되었고, 국외 회원과 클릭 횟수도 수직 상승했다. 게다가 그는 세계적으로 유명한 경제 잡지 〈포브스〉의 표지도 장식했다. 〈포브스〉 창간 이래 중국의 기업가로는 최초로 표지에 등장한 것이다. 이처럼 마윈은 탁월한 말재주를 이용해 알리바바 홍보 계획을 철저히 실행했고 그 목적을 달성했다.

상대에게 자신의 관점을 반복해서 이야기하면 상대는 당신을 신뢰하게 된다. 다양한 사람이 알리바바를 받아들이고 신뢰한 이유는 '끊임없고 반복적인' 마윈의 선전 기술 덕분이었다.

실제로 모든 행위와 사고는 여러 번 반복하는 동안 끊임없이 강화된다. 당신이 잠재의식 속에서 특정한 사고나 견해를 끊임없이 반복하면 이는 다른 사람의 잠재의식에서도 사실로 변화되고 당신의 관점은 설득력을 지니게 된다. 당신의 관점이 대다수 사람의 의견을 대표한다고 믿게 하고 싶다면 끊임없이 그것을 반복하라.

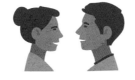

타인이 생각을 변화시키도록 설득하면
상대는 당신을 받아들인다

사람과 사람 사이의 관념이나 의견이 항상 일치할 수는 없다. 상대와 소통하면서 의견이 불일치할 때, 강제로 의견을 일치시키려 해서는 안 된다. 가장 지혜로운 방법은 당신의 의견과 그렇게 생각하는 이유를 정확히 전달해 상대를 진심으로 설득하고 상대가 당신의 의견을 받아들이게 만드는 것이다.

제2차 세계대전 초기, 미국의 여러 과학자는 독일이 원자폭탄을 시험 제작하고 있다는 사실을 알았다. 그들은 아인슈타인한테 루스벨트 대통령에게 보내는 편지 한 통을 써달라고 부탁했다. 그리고 이를 루스벨트의 개인 비서 삭스에게 전했다. 편지 내용은 미국이 원자폭탄을 제작할 수 있도록 허락해달라는 것이었다. 그러나 루스벨트는 이를 단호히 거부했다. 삭스는 역사적인 사실을 예로 들어 루스벨트에게 말했다.

"영국과 프랑스가 전쟁을 할 때 유럽 대륙에는 천하제일의 나폴레옹이 있었지만 그는 해전에서 연속으로 패배했습니다. 이때 로버트 풀턴(미국의 발명가)이 나폴레옹에게 배의 돛을 떼고 스팀 엔진을 장착하라고 권했습니다. 그리고 목판을 철판으로 교체하면 전투력이 상승할 것이라고 이야기했지요. 하지만 나폴레옹은 돛을 떼고 항해할 수 없다 고집을 피웠고, 목판을 철판으로 교체하면 배가 침몰할 것이라며 결국 풀턴의 제안을 무시했습니다. 나폴레옹이 좀 더 사고가 유연했다면 분명 역사는 새로 쓰였을 것입니다."

삭스의 말에 루스벨트는 생각에 잠겼다가 결국 과학자들의 제안에 동의했다.

삭스는 역사적 지식을 동원해 대통령을 설득했다. 여기서 볼 수 있듯이 다른 사람을 설득하는 일은 고차원적인 말재주라 할 수 있다. 이러한 능력은 업무와 삶에서 발생하는 일의 발전 방향을 장악하는 주도권을 가지게 해준다.

자신의 의견과 관점, 방법 등을 받아들이도록 타인을 설득하는 일은 복잡하면서도 어려운 행위다. 그리고 인간관계의 곳곳에는 상대를 설득해야만 하는 상황이 존재한다.

당신의 매력은 상대에게 신뢰감을 심어주고 그 사람의 방어 심리를 풀 수 있느냐에 의해 결정된다. 만약 자동차 세일즈맨이 당신을 찾아온다면 당신은 우선 이렇게 생각할 것이다.

'나에게 차를 팔러 왔군.'

설령 그가 감언이설을 늘어놓더라도 당신은 나름대로 방어선을 칠 것이다. 이는 매우 정상적인 방어 심리이며 반대로 이를 통해 당신이 타인의 마음을 어떻게 열 것인지를 살펴볼 수 있다.

제2차 세계대전 때 미군은 병사들에게 보험 상품 하나를 추천했다. 매월 10달러를 납입하면 만에 하나 전장에서 희생되었을 때 1만 달러를 수령할 수 있는 보험이었다. 병사들이 보험에 흔쾌히 가입할 것이라고 생각한 미군 측은 모든 부대에 보험을 소개하라는 명령을 내렸고, 중대장들은 병사들에게 보험에 가입하라고 설득했다.

그런데 어느 부대에서는 보험에 가입하려는 병사가 하나도 없었다. 중대장은 답답해하며 말했다.

"도대체 왜 보험에 가입하지 않는 것인가?"

병사들의 심리는 사실 매우 단순했다. 전장에서는 목숨을 보장할 수 없고, 내일 어떤 일이 벌어질지 예측할 수 없다. 그런 상황에서 보험에 드는 게 과연 무슨 소용이란 말인가? 10달러면 맥주 두 병을 살 수 있는데 말이다.

이때 한 노병이 일어나 말했다.

"중대장님, 보험을 설명할 기회를 제게 주십시오. 제가 보험 판매를 돕겠습니다."

중대장은 노병이 병사들을 설득할 수 있을 거라고는 생각하지 않았지만 허락했다. 노병이 말했다.

"형제들이여, 우리 함께 이야기를 나누어봅시다. 전쟁이 시작되면 모두 전방으로 배치될 겁니다. 여러분이 보험에 든다면 전방에서 죽음을 맞이했을 때 여러분의 가족은 정부가 배상하는 일만 달러를 받게 될 겁니다. 그러나 보험에 들지 않으면 여러분이 전장에서 죽음을 맞아도 정부는 돈한 푼 내놓지 않을 겁니다. 즉, 여러분은 헛된 죽음을 맞이하는 거지요. 한번 생각해보십시오. 정부가 사망하면 일만 달러를 배상해야 하는 사병들을 전장에 먼저 파견하겠습니까, 아니면 사망해도 한 푼도 배상할 필요가 없는 사병들을 먼저 파견하겠습니까?"

노병의 말이 끝나자 모든 사병이 보험에 가입했다.

누구도 우선적으로 전장에 파병되고 싶지는 않을 것이다. 그런데 만약 당신이 병사라면 노병의 말만 듣고 보험에 가입하겠는가?

심리적으로 접근하여 상대를 권유하고 설득할 때 비로소 상대는 당신의 관점을 진정으로 받아들인다. 다만 사람의 심리는 복잡하고 섬세하며 종종 감정의 영향을 받는다. 그러므로 상대를 설득할 때는 감정을 이용해야 한다.

기원전 266년, 조혜문왕이 죽고 태자가 왕위를 계승하였다. 그러나 태자가 너무 어린 까닭에 모친인 조태후가 권력을 장악하였다. 진나라는 이를 틈타 조나라를 공격했고, 조나라는 제나라에 도움을 요청했다. 제나라는 조나라에 장안군을 인질로 보내야만 구원병을 파견하겠노라고 말했다. 하지만 조태후는 장안군을 총애했기에 이를 거절하였다. 이에 대신들이 간언하자 조태후가 화를 내며 말했다.

"감히 장안군을 제나라로 보내라니! 한 번만 더 그 이야기를 꺼내면 당신들 얼굴에 침을 뱉을 것이오!"

이때 좌사 촉룡이 천천히 태후의 앞으로 나아가 말했다.

"신은 최근 다리 힘이 빠져서 천천히 걸을 수밖에 없습니다. 부디 양해해주십시오. 오랫동안 마마를 뵙지 못하였으나 신은 항상 마마의 건강을 염려하고 있었기 때문에 오늘 이렇게 뵈러 온 것입니다."

태후가 말했다.

"나도 요즘에는 가마에 의지해 이동하고 있소."

"매일 식사는 잘 드십니까?"

"죽 같은 음식을 넘길 뿐이오."

일상을 이야기하는 동안 태후의 안색은 꽤 누그러졌다. 촉룡이 말했다.

"소인에게는 아직 어리고 재능도 모자란 아들이 하나 있습니다. 제가 이리 나이가 들다 보니 여간 걱정이 아닙니다. 그래서 마마께 제 아들을 왕궁의 근위병으로 써주시기를 간청합니다. 이는 제 목숨을 걸고 마마께 드리는 부탁입니다."

태후가 말했다.

"괜찮고말고. 몇 살이나 되었소?"

"열다섯입니다. 소인이 죽기 전에 그 아이를 마마께 부탁드리고 싶습니다."

"남자들도 어린 아들을 그리 아끼오?"

"여자보다 더합니다."

"아니, 여자가 훨씬 더하오."

태후가 웃으며 말하자 촉룡은 화제를 천천히 장안군으로 돌렸다.

"마마께서 정말로 장안군을 사랑하신다면 그를 위해 장기적인 계획을 세워야 합니다. 장안군이 건국의 공로를 세울 수 있게 하셔야 합니다. 그러지 않으면 산이 무너졌을 때(태후가 세상을 뜨는 것을 완곡하게 표현한 것) 장안군이 조나라에 발을 붙이기 힘들 것입니다."

태후는 곰곰 생각하다가 말했다.

"좋소. 당신 말대로 하겠소."

촉룡은 장안군을 위해 100대가 넘는 가마 행렬을 준비해 제나라에 인질로 보냈다. 제나라는 약속대로 군대를 보내 조나라를 도왔다.

반대 의견을 에두른 말로 하면 직접적인 충돌과 마찰이 감소한다. 상대는 감정에 휘둘리지 않고 당신의 의견을 더욱 고려할 것이다. 윗사람과의 대화에서 이상적인 효과를 얻고 싶다면 진실하고 성실한 태도는 물론 대화의 기술도 강구해야 한다. 특히 윗사람이 의견을 고집하며 그 누구의 권고도 들으려 하지 않을 때, 화제를 직접적으로 언급하지 말고 에둘러 표현하면 좋다.

촉룡은 설득의 방법을 잘 알고 있었다. 태후와 대화를 나누는 과정에서 그는 시종일관 겸손한 태도로 태후의 뜻을 헤아리고 정면충돌을 피했다. 동시에 태후의 입장에서 문제를 생각한 다음 자신의 의견을 태후에게 피력하여 태후 스스로 문제의 해결점을 발견하도록 도왔다.

실제로 설득의 기교를 운용할 줄 아는 사람은 타인에게 자신과 똑같은 관점을 강요하지 않는다. 오히려 타인의 생각을 자신의 생각으로 유연하게 유도한다. 정확하고 적절하며 생동감 있는 언어를 사용해 자신의 생각과 감정을 표현하여 항상 원만히 일을 처리한다. 반대로 언어의 기술을 모르는 사람은 결국 스스로 곤경에 빠진다.

대부분의 경우 당신의 경력이나 견문, 내면은 말투와 태도에서 드러난다. 그중에서도 설득력은 당신의 가치와 역량을 드러내는 기술이다. 뛰어난 설득력을 가진 사람은 상대를 자신에게 더욱 주목하게 하고 나아가 자신을 이해하게 만든다.

'자기편 효과'를 이용해
타인을 설득하라

일상에서 사이가 좋은 두 사람의 경우 한 사람은 상대의 관점이나 입장을 쉽게 받아들이고 심지어 상대가 난처한 요구를 해도 쉽게 거절하지 않는다. 이를 심리학에서는 '자기편 효과'라고 한다. 예컨대 한 가지 관점에 대한 이야기를 나눌 때 자기편인 사람의 말은 비교적 빠르고 쉽게 받아들인다. 그러나 상대가 싫어하는 사람이라면 그의 말은 본능적으로 배척하기 쉽다.

설득의 고수가 되고 싶다면 '자기편 효과'를 능숙하게 운용해야 한다. 링컨은 말했다.

"벌꿀 한 방울에는 일 갤런의 담즙보다 더 많은 파리가 꼬인다. 사람도 마찬가지다."

상대가 당신의 의견에 동의하기를 원한다면 먼저 상대가 당신을 충실한 친구, 즉 '자기편'이라고 생각하게 만들어야 한다. 벌꿀 한 방울로 상대의 마음을 얻으면 당신은 상대방을 이성적으로 쉽게 설득할 수 있다.

링컨이 공화당의 대표로 대통령 선거에 입후보했을 당시 그의 가장 큰 라이벌은 명문가 출신의 스티븐 더글러스였다. 대부호였던 더글러스는 화려한 선거 연설 차량팀을 조직해 가두연설을 진행했다. 그는 득의양양하게 말했다.

"링컨 그 촌놈은 이런 상황은 꿈도 못 꿀 것입니다. 그의 안목을 좀 높이고, 저의 귀족적인 기질을 느끼게 해주죠."

당시 링컨의 지지자들은 더글러스의 강세를 걱정했다. 그러나 링컨은 조금도 두려워하지 않았다. 그는 지지자들이 그를 위해 준비한 밭갈이용 마차를 사용해 가두연설을 했다.

"누군가가 저에게 가진 재산이 얼마나 되냐고 물었습니다. 저에게는 아내와 세 명의 아들이 있는데 그들은 가치를 매길 수 없는 보물이지요. 그 밖에도 사무실을 하나 빌리고 있는데 거기에는 책상 하나와 의자 세 개가 있습니다. 벽 모퉁이에 자리한 큰 책장에는 읽을 만한 양서들이 있습니다. 저는 원래 가난하고 비쩍 말랐으며 얼굴도 길쭉합니다. 결코 복스럽게 생겼다고는 말할 수 없지요. 저는 정말로 의지할 것이 하나도 없습니다. 저에게는 오로지 여러분뿐입니다."

그가 말을 마치자 군중은 환호하며 초라한 마차를 둘러쌌다. 반면 더글러스의 호화로운 선거 차량은 수많은 사람의 눈에 띄었지만 그를 지지하는 사람은 얼마 없었다. 결국 링컨은 전 국민의 지지를 받으며 순조롭게 미국의 대통령으로 당선되었다.

링컨이 경선에서 성공할 수 있었던 이유는 바로 그가 '자기편 효과'를 이용해 민중을 설득했기 때문이다. 상대에게 자신의 관점 혹은 요구를 제시할 때 반드시 상대가 당신을 자기편이라고 생각하게 만들어야 한다. 상대를 자기편으로 만들려면 상대의 입장에서 생각해야 한다. 이로써 쌍방의 심리적 거리가 가까워지면 상대는 경계를 늦추고 당신의 관점과 견해를 쉽게 받아들이고, 심지어 당신에게 도움을 주기도 한다. 그러면 상대를 설득하는 목적은 자연스레 달성된다.

어느 공장에서 공장장을 공개 모집했다. 지원자 중 40대 여성이 전원의 호평을 얻어 공장장 자리를 차지하였다. 그녀는 모집 시 직원들의 질문에 다음과 같은 답변을 남겼다.

"당신은 업계 사람이 아닌데 만약 임용된다면 어떻게 공장을 경영하고 직원들의 사기를 돋울 생각입니까?"

"저는 기업관리 분야에 문외한이라 생각하지 않습니다. 어찌 되었든 우리 공장에는 공장관리를 깊이 이해하고 있는 간부 여러분과 기술이 뛰어나고 노련한 공인들이 있습니다. 그리고 생기 넘치며 용감한 향상심을 품은 젊은이들도 있습니다. 제가 공장장으로 임용된다면 전문 강사를 초청해서 젊은 직원들의 업무와 학습, 생활을 잘 분배할 수 있도록 교육하겠습니다. 그리고 모두가 열심히 일하고 쾌적하게 휴식할 수 있는 집 같은 공장을 만들겠습니다."

"업계가 불경기라 작년에는 장려금을 받지 못했습니다. 저는 이곳을 그만둘 생각인데 만약 당신이 공장장이라면 저를 놓아주겠습니까?"

"당신이 이직하려는 건 공장 상황이 좋지 않기 때문입니다. 공장 경영이 순조롭다면 당신은 분명 이곳을 떠나지 않을 것임을 믿습니다. 만약 당신이 나를 공장장으로 선택한다면 저는 우선 당신에게 남아달라고 할 것입니다. 그리고 반년 이내에 공장이 좋아지지 않으면 그때 가서 다시 이야기를 나누자고 할 것입니다."

"현재 조직과 사원을 간소화하는 것에 대한 의론이 분분한데 당신이 임용되면 인원을 얼마나 감축할 생각입니까?"

"간부 조직을 조정하는 것은 현재 추세입니다. 지금 각 부서에 간부급 직원이 너무 많은 것처럼 보이는 이유는 일이 적기 때문입니다. 만약 일이 많아진다면 일손이 부족해지겠지요. 제가 임용되면 제일 먼저 업무를 확대하고 사업을 발전시키겠습니다."

"저는 현재 임신 칠 개월입니다. 작업 현장에서 서서 일을 하고 있는데 이는 합리적인 환경일까요?"

"저도 여자이고, 출산 경험이 있기 때문에 어떤 부분이 합리적이고 불합리한지 잘 알고 있습니다. 합리적인 부분은 계속 지켜나가고 불합리한 부분은 반드시 고칠 것입니다."

그 자리에 있던 여공들은 반색했고, 누군가가 감격해서 말했다.

"우리 대부분의 여공에게는 우리의 고통에 관심을 가져주는 친절한 공장장이 정말로 필요합니다!"

그 자리에 있던 사람 모두 박수를 치며 일어났다.

선출된 공장장은 직원을 통제나 비판의 대상 혹은 적으로 대하지 않았다. 그녀는 직원을 자기편으로 만들어 쌍방의 거리를 좁히고 나아가 심리적인 유도와 공감을 바탕으로 상대의 의도를 재빨리 알아차리는 기지를 발휘했다.

상대의 신뢰를 얻으려면 우선 상대와의 심리적인 거리를 단축시켜야 한다. 그러면 인간관계에서 영향력도 높아진다.

경영심리학에는 이런 말이 있다.

'다른 사람들이 당신을 옳다고 생각하고 당신 의견에 따라 일을 하게 만들고 싶다면, 가장 먼저 사람들이 당신을 좋아하게 만들어야 한다. 그러지 않으면 당신의 시도는 실패로 끝날 것이다.'

타인을 자신의 제안대로 움직이게 하려면 좋은 의견을 제시하는 것만으로는 부족하다. '자기편 효과'를 사용해 사람들이 당신을 좋아하게 만들어야 한다. 그렇게 할 때 그들은 당신의 제안을 수용할 것이다.

말재주

Chapter 4
직장에서의 인간관계,
언어가 지닌 매력을 이용해
영향력을 강화하라

COMMUNICATION

상사의 마음에 닿는 말을
하라

　말재주를 단련하여 상사가 원하는 말을 한다면 당신의 인간관계
와 업무는 순조로울 것이다. 오늘날, 직장에서는 말재주 및 이와 관
련된 지식이 개인의 성패에 직접적인 영향을 끼친다. 단기간에 상사
와 정신적 공감을 나누고, 상사가 당신을 좋아하게 만들고 싶다면 한
마디 말로 상대의 마음을 사로잡아야 한다. 상사와의 사이에 조화롭
고 열띤 대화 분위기를 조성하고, 당신이 하는 말이 상사의 마음에
직접적으로 닿아야 한다.

　사람과 사람 사이의 소통, 그중에서도 특히 상사와의 소통은 표현
방식이 매우 중요하다. 한마디 말이 사람을 웃게 하고 춤추게 하는
것처럼 때로 보잘것없어 보이는 말재주가 한 사람의 운명을 바꾸기
도 한다. 동일한 목적이라도 다른 방식으로 표현하면 이에 수반되는
효과는 크게 달라진다.

연말, 모 회사에서 눈에 띄는 실적을 올린 판매부를 장려하기 위해 15일 간 포상 여행을 보내주기로 결정했다. 판매부 사원은 총 7명이었는데 5명만이 포상을 받을 수 있었다. 이에 판매부장은 사장에게 요청했다.

"사장님, 모두 하이난에 가고 싶어 합니다. 다섯 명만 가면 남은 두 명은 분명 불만을 품을 것입니다. 정원을 일곱 명으로 늘려주시기 바랍니다."

사장은 귀찮은 듯 말했다.

"추첨해서 뽑으면 되잖나? 회사로서는 이미 적잖은 돈을 들였네. 자네는 어찜 회사 생각은 조금도 하지 않나? 욕심이 끝이 없고만. 아예 여행 자체를 취소해버릴까?"

사장의 말에 판매부의 사기는 단번에 떨어졌다.

이번에는 다른 부장 샤오리가 사장을 만나러 갔다.

"사장님, 모두 여행 이야기를 듣고 매우 기뻐하고 있습니다. 회사가 사원들을 중요하게 여긴다고 느껴 직원 모두가 감동했습니다. 사장님, 이 일은 우리 모두에게 큰 기쁨입니다. 도대체 이렇게 좋은 생각은 누가 처음 하신 겁니까?"

사장이 말했다.

"모두를 기쁘게 해주고 싶어서 말이지. 지난 일 년 동안 좋은 이익을 얻을 수 있었던 것은 모두의 공로니 말일세. 회사는 여러분이 일 년 동안 수고한 것을 높이 평가해서 첫째, 마음 편히 좀 쉬게 해주고 싶었고, 둘째, 쉰 다음에 다시 일을 하면 분명 더 좋은 효과가 있을 거고, 셋째, 회사의 단결력을 높일 수 있다고 생각했네. 모두들 기뻐한다면 목적이 달성된 셈이지."

샤오리는 기회를 틈타 말했다.

"너무 좋은 기획이라서 쟁탈전을 벌이겠는데요."

사장이 말했다.

"다섯 명만 보내는 이유는 자네 부서의 몇몇 직원이 적극적으로 업무에 임하지 않았기 때문이네. 자네들끼리 자격이 없는 사람이 못 가게 골라내면 그들에게는 좋은 깨우침이 되지 않겠는가."

샤오리는 완곡한 말로 대답했다.

"사실 저도 사장님의 의견에 동의합니다. 몇몇 사람은 다른 직원에 비해 적극적이지 못하지요. 그렇지만 개인적인 생활이 지장을 준 이유도 있었고, 회사 측에서도 그 직원들에 대한 이해가 부족해 제때에 그들을 이끌어주지 못한 탓도 있습니다. 책임은 저에게 있습니다. 만약 그 직원들을 제외해버린다면 얼마나 큰 충격을 받겠습니까? 이는 분명 회사에도 악영향을 끼칠 것입니다. 회사가 기껏 큰돈을 투자해 직원들을 격려하는데 만약 두 명이 소외된다면 분명 포상 효과도 떨어질 테니 너무 안타깝습니다. 회사가 비용 한 푼도 면밀하게 계산한다는 것은 저도 잘 알고 있습니다. 만약 회사가 두 명에게도 포상을 내린다면 그들은 더 열심히 하라는 의미로 깨닫고 내년에는 분명 업무 태도가 크게 개선될 것입니다. 그러면 그들이 회사에 가져다주는 이익은 그들을 위해 투자한 비용보다 훨씬 높을 것입니다. 안 그렇습니까, 사장님?"

사장은 잠시 생각하더니 말했다.

"좋네. 두 명도 함께 보내주도록 하지."

말하는 방식에는 여러 종류가 있다. 방식 자체에 좋고 나쁨을 따질 수는 없지만 얼마나 적절한 방식으로 말하는가는 살펴보아야 할 문제다. 적절한 말은 상대가 쉽게 받아들이지만 부적절한 말은 상대에게 거절당할 수 있다. 대부분의 경우, 말의 효과는 내용이 아닌 방식에 달려 있다. 말재주가 있는 사람은 과도하게 나서거나 공을 세우지 않아도 상사의 마음을 움직인다. 이는 성공을 향해 가는 길에 놓인 장애물을 제거하는 것과 마찬가지라서 당신의 성공에 도움을 준다.

직장에서는 일은 물론 말도 잘해야 한다. **한 사람의 대화 능력은 종종 그의 성취를 결정한다.** 어디에서든 말 잘하는 사람은 종종 다른 사람의 사랑을 받는다. 사람을 사귀거나 일을 할 때 말재주는 지극히 중요한 요소인 셈이다. 뛰어난 말재주는 당신의 재능을 펼치는 데 도움이 되고 남들도 당신을 높이 평가한다. 주위의 재능 있는 직장 달인들을 한번 살펴보라. 그들 중에 말의 고수, 소통의 귀재가 아닌 사람이 있는가?

성공한 인사는 대부분 현명하게 말을 잘한다. 카네기는 말했다.

"오늘날 성공한 사람들의 팔십 퍼센트는 혀로 천하를 지배한다."

성공한 사람은 출중한 말재주로 상사의 인정을 받고, 위로는 특별한 총애를, 아래로는 존경을 받는다.

상사와 대화하는 법을 배우는 일은 직장인의 필수 과목이다. 상사는 종종 개인의 대화 수준을 근거로 그의 학식과 교양 및 능력을 판단한다. 말재주는 한 사람의 지혜와 고상함을 표현하기도 하고, 반대로 우둔함과 저속함을 드러내기도 한다. 상사는 듣기 좋은 당신의 말 한마디에 당신의 인간성을 느낄 수 있고, 이는 효과적인 교류 작용을 한다. 직장에서는 일 잘하는 것보다 말 잘하는 것이 더 중요하다고 하는 이유다. 이는 비록 편파적이기는 하지만 직장에서 일도 잘하고 말까지 잘하는 직원은 분명 단기간에 상사의 총애와 신임을 얻을 것이다.

말 잘하는 사람은 자신의 전문 지식과 능력을 100퍼센트 발휘해 상사에게 좋은 인상을 남긴다. 즉, 당신의 능력을 말로 정확히 표현하지 못하면 당신을 보는 상사의 인식은 끝내 변화되지 않을 것이다.

오늘날의 직장은 총탄 없는 전쟁터나 다름없다. 치열한 경쟁 속에서 승진, 연봉 인상 등이 살벌하게 갈린다. 직장에서의 생사는 어느 정도 상사에 의해 결정되므로 상사와 효과적으로 소통해야 비로소 발전할 수 있다.

상사가
기꺼이 받아들일 수 있는
진언을 하라

일상적 업무와 생활에서 우리는 종종 자신의 관점, 견해, 생각을 확실하고 효과적으로 다른 사람에게 전달하기를 바란다. 또한 상대가 우리의 의견이나 건의를 받아들이고 이를 실행에 옮기기를 원하는데 이 과정에서 바로 설득이 필요하다.

설득은 매우 고결한 기술이다. 설득할 때 어떤 기교를 사용하느냐에 따라 완전히 다른 효과를 불러온다. 상사와 소통하는 과정에서 설득의 중요 포인트를 찾고, 상하관계의 특수성을 파악하고, 격식에 맞는 말투와 적절한 방법을 선택하고, 기술을 강구해야만 좋은 효과를 얻을 수 있다.

샤오왕, 샤오황, 샤오리는 같은 대학교를 졸업하고 한 대기업의 마케팅부에 입사해 같은 상사의 지시를 따르게 되었다. 세 사람 모두 업무 능력이 뛰어났고 2년 후에는 부서의 중심 인물이 되었다.

그런데 세 사람은 상사를 대하는 방식에서 많이 달랐다. 문제가 발생했을 때, 샤오왕은 상사의 말을 들은 체 만 체하고 강 건너 불구경하는 태도를 보였다. 반면 샤오황은 종종 거리낌 없이 솔직하게 사람들 앞에서 상사의 잘못을 지적했다. 만약 상사가 안배한 일에 명확한 착오나 부당한 사항이 있을 경우 샤오황은 상사의 지시를 따르지 않았다. 반면 샤오리는 상사의 결정에 문제가 있다는 생각이 들면 우선 상사에게 개인 메일을 보내 자신의 생각과 염려를 표명했다. 만약 상사가 자신의 의견을 끝까지 고집하면 그는 상사의 결정대로 열심히 일했고, 그 계획을 완성시키기 위해 최선을 다했다. 설령 실패하더라도 그는 주도적으로 책임지고 절대 다른 사람들 앞에서 상사에 대한 불평을 늘어놓지 않았다.

어느덧 3년이 흘렀고 그들의 상사는 승진하게 되었다. 후임자를 뽑을 때 상사는 망설임 없이 샤오리를 선택했다.

일할 때 상사에게 효과적인 의견을 제시하는 일은 반드시 필요하다. 그러나 상사에게는 그만의 자존심과 권위가 있고, 이를 임의로 침범해서는 안 된다. 설령 상사가 틀렸더라도 절대 부하 직원들 앞에서 체면을 떨어뜨려서는 안 된다. 그리고 상사에게 의견을 제시할 때는 정도를 지키고 경솔한 행동을 삼가야 한다.

그렇다면 어떻게 해야 자신의 관점을 상사가 좀 더 쉽게 받아들일 수 있을까? 다음의 몇 가지 제안을 실제로 운용해보자.

① 암시를 사용하라.

상사를 설득하는 과정에서 우리는 완곡한 암시를 선택할 수 있다.

상사의 행동에서 다소 결점을 발견했을 때 이를 노골적으로 말하지 말고 살짝 암시를 주거나 에두른 말로 스스로 깨닫게 하는 것이다. 그러면 일반적으로 상사는 당신의 의견을 이해하고, 성의가 담긴 당신의 권고에 호감을 느낄 것이다.

암시적인 설득 방법은 완곡하고 은밀한 말을 통해 자신의 의견을 상대에게 넌지시 드러내는 것이다. 이러한 표현방식은 비판 및 교훈의 목적을 달성하는 동시에 상대를 난감한 상황에 처하지 않게 한다.

상사의 부족함을 지적할 때 암시적인 방법을 사용하면 상사 스스로 깨닫게 할 수 있다. 상사에게 직접적으로 이야기하는 것은 그의 얼굴을 때리는 것이나 마찬가지로, 상사의 기분만 나쁘게 할 뿐 그 어떤 효과도 얻을 수 없다. 상사를 설득할 때 교묘한 암시를 사용하여 상사가 난처함이나 불쾌감을 느끼는 상황을 방지하자.

② 칭찬은 먼저, 비판은 나중에

다른 사람이 당신의 관점을 받아들이도록 설득할 때는 먼저 상대방을 칭찬한 다음 자신의 관점을 드러내면 좋다. 사람은 직접적으로 비판을 들을 때보다 자신의 장점을 칭찬하는 타인의 말을 듣고 나서 비판을 들으면 이를 훨씬 쉽게 받아들인다.

상사를 설득하는 과정에서 상사의 문제점을 바로 이야기하는 비판은 양날의 검과도 같다. 당신이 아무렇지 않게 '양날의 검'을 사용하면 상사는 상처를 입기 쉽다. 그러면 연봉 인상이나 승진은 십중팔구 물거품이 될 것이다. 그러나 당신이 교묘하게 건의한다면 어떨까? 예컨대 어느 업무에 대한 상사의 견해가 주도면밀하지 못하거나 실수가 있다는 사실을 지적한다고 치자. 이때 상사의 의견을 전면적으로 부정하지 말고 우선 긍정적인 부분을 찾아 칭찬한 다음 문제점을 지적해보라. 그러면 상사는 체면을 유지할 수 있고, 기꺼이 당신의 제안을 받아들일 것이다.

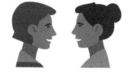

부하 직원을 끊임없이 긍정하고 칭찬하라

'좋은 말 한마디는 엄동설한도 무너뜨리고, 악담 반 마디는 6월의 더위도 춥게 만든다'는 말이 있다. 사람은 누구나 칭찬을 좋아하고 타인의 긍정적 반응을 원한다. 미국의 여성 기업가 메리 케이 애시는 말했다.

"이 세상에는 돈이나 생명보다 중요한 것이 두 가지 있다. 그것은 바로 인정과 칭찬이다."

칭찬은 상사가 부하 직원을 격려해 적극성과 업무에 대한 열정을 북돋우고 목표를 실현하게 하는 가장 좋은 방법이다. 이는 상사의 업무에도 매우 중요하게 작용한다. 록펠러는 말했다.

"직원의 재능을 충분히 발휘시키려면 칭찬과 격려를 해야 한다. 성공한 관리자는 어떻게 하면 타인을 진실하게 칭찬하고, 그들의 업무를 리드할 수 있을지 잘 알고 있다. 기업의 성공은 칭찬과 격려의 분위기 속에 이루어진다는 사실은 실제 상황이 증명한다."

격려이자 긍정의 일종인 칭찬은 평범한 삶에 즐거움을 가득 채우고, 불협화음을 아름다운 하모니로 만든다. 또한 칭찬을 통해 우리는 자부심과 향상심을 얻을 수 있다.

메리 케이 애시가 설립한 미용 및 화장품 회사는 세계적인 명성을 누리고 있다. 그녀가 제창한 사람을 근본으로 하는 관리방식은 '칭찬과 격려'를 제안한다.

새로 파견된 직원이 영업에 여러 번 실패한 후 자신감을 잃었다. 그 사실을 알고 메리 케이 애시는 그 직원을 찾아갔다.

"당신이 전에 일하던 회사 사장님이 당신은 추진력이 강한 젊은이라고 하더군요. 그 사장님은 당신이 회사를 떠난 것이 적지 않은 손실이라고 이야기했어요."

그녀의 말에 직원의 마음속에서 꺼져가던 희망의 불씨가 다시 타오르기 시작했다. 직원은 시장에 대한 냉정한 연구와 분석을 진행해 영업 업무에 새로운 돌파구를 찾고 성공을 쟁취하였다.

사실 메리 케이 애시는 그 직원이 전에 다니던 회사의 사장과 이야기를 나누어본 적이 전혀 없었다. 그러나 신기하게도 그녀의 격려와 칭찬에 직원은 잃어버린 자존심과 자신감을 되찾았다. 자신의 명예와 존엄을 지키기 위해 그는 다시 일어서서 열심히 노력해 성공을 거머쥐었고, 이에 그의 자신감은 더욱 높아졌다.

적절한 칭찬은 업무에 대한 직원의 적극성을 동원하고 관계를 더욱 조화롭게 만든다. 기업관리자에게 직원을 칭찬하는 일은 작은 투자에 불과하지만 풍성한 효과를 얻을 수 있다. 칭찬은 개인의 가치를 인정하고 그 행위를 긍정하므로 상사 및 관리자의 진실한 칭찬을 받는 부하 직원은 성취감과 만족감을 느낀다. 관리자가 칭찬의 기술을 파악한다면 분명 생각지도 못한 좋은 결과를 얻을 수 있을 것이다.

칭찬은 일종의 역량이다. 어떤 장점을 가졌거나 성취를 이룩한 사람은 타인의 인정을 필요로 한다. 만약 당신이 진실한 경의와 칭찬으로 상대의 만족감을 채워준다면 상대는 흔쾌히 당신에게 협조할 것이다.

진정한 성공을 거둔 그룹의 관리자는 직원을 적절히 칭찬하고 긍정할 줄 안다. 관리자는 직원을 칭찬할 상황을 발견하기 위해 노력하고, 그들의 장점을 찾아 칭찬하는 습관을 들여야 한다.

제2차 세계대전 때, 미국 항공대대의 대대장은 정비 불량인 비행기 손실을 발견했다. 이는 적과 교전을 벌였을 때 입는 손실과 거의 동일한 수준이었다. 그는 정비 불량을 낮추기 위해 다양한 방법을 동원했지만 실패를 거듭했고, 이를 보완하기 위해 한 가지 제도를 만들었다. 정비 업무를 잘해낸 사병에게 포상을 주는 것이었다. 포상은 상장과 군용 보급품 혹은 48시간의 휴가였다.

그는 정비 불량에 따른 비행 중지 횟수 및 부품 고장 횟수가 가장 적고 동시에 전투 임무를 집행한 횟수가 가장 많은 비행기를 정비한 대원에게 포상을 내렸다. 그리고 이 성과를 확대시킬 방법을 궁리했다. 그는 수여식을 거행하고 사진을 찍은 다음 그것을 수상자의 고향 신문사에 보내 싣게 했다. 또한 그들을 위해 특별히 추천사와 성명서를 써주었다. 그러자 사병들은 더 많은 긍정과 칭찬을 얻기 위해 노력했다. 그들에게 고향 사람들의 긍정과 칭찬은 무엇과도 비교할 수 없는 매우 값진 것이었다. 항공대대는 이로써 뛰어난 비행 정비 기록을 유지하는 대원을 배출할 수 있었다.

칭찬이 사람의 행동에 깊은 영향을 끼치는 이유는 자존심을 만족시켜주기 때문이다. 칭찬은 개인에게 만족감과 즐거움을 주는 피드백이다. 사람은 칭찬을 받고 자신감을 얻으면 칭찬받는 행위를 계속 유지하려고 더욱 노력한다. 이렇듯 칭찬은 개인의 적극성을 불러일으킨다.

칭찬은 결코 쉬운 일은 아니다. 상사가 부하 직원을 칭찬할 때, 때와 장소를 살피지 않고 칭찬의 기술을 파악하지 않으면 진심 어린 칭찬도 오히려 해가 될 수 있다. 그러므로 관리자는 반드시 다음과 같은 기술을 파악해야 한다.

① 적시에 칭찬하라.

직원은 성과를 올리거나 회사에 유익한 일을 해냈을 때 주위 사람이 이를 알아주고 칭찬해주기를 원한다. 이는 정상적인 자아 만족 욕구이자 심리이다. 심리학에서는 이러한 기대 심리에 시간적 제한이 있다고 말한다. 제때에 칭찬을 받으면 쉽게 고무되지만 칭찬이 늦어지면 원래의 기능을 잃어 감동을 주지 못한다. 칭찬은 적시에 직원의 마음에 전해져야 한다. 아무리 사소한 성과라도 잊지 말고 적시에 칭찬해야 한다.

② 진실한 태도로 칭찬하라.

직원을 칭찬할 때는 반드시 진실해야 한다. 누구나 성심성의를 중시하는데, 이는 소통에서 가장 중요한 척도다. 사회관계를 전문적으로 연구하는 영국의 카슬리 박사는 말했다.

"대다수의 사람은 친구를 선택할 때 상대의 진심을 본다."

부하 직원을 칭찬할 때는 반드시 그가 자신의 장점과 칭찬받는 이유를 충분히 알 수 있게 하자. 마음이 담기지 않거나 판에 박힌 기계적이고 형식적인 칭찬은 배제하자. 이러한 칭찬으로는 상대가 당신의 진심을 느낄 수 없다.

③ 부하 직원의 특성과 업무 성과를 칭찬하라.

부하 직원의 특성을 칭찬할 때는 다른 사람과의 공통성을 배제해야 한다. 그리고 부하 직원의 업무 성과를 칭찬할 때는 과정을 칭찬해서는 안 된다.

관리자로서 직원을 칭찬할 때는 반드시 그 직원 고유의 특성을 칭찬해야 한다. 만약 관리자가 모든 직원의 공통점을 들어 한 직원을 칭찬한다면 칭찬받는 입장에서는 마음이 불편하고 반감이 생길 수 있다.

또한 관리자는 업무 성과를 칭찬하되, 과정을 칭찬해서는 안 된다. 관리자는 직원이 한 가지 업무를 완벽하게 완성해냈을 때 칭찬해야 한다. 업무가 완성되지도 않았는데 단순히 직원의 업무 태도 혹은 방식을 칭찬하면 좋은 효과를 얻지 못한다. 업무 진행 과정을 칭찬하면 직원은 압박감을 느끼고 나아가 그 칭찬에 반감을 가질 수 있다. 이런 칭찬은 오히려 일을 망치고 만다.

④ 구체적으로 칭찬하라.

직원을 칭찬할 때는 사람이 아닌 업무를 칭찬해야 한다. 어떤 일을 잘했는지, 어떤 곳이 칭찬받을 가치가 있는지 구체적으로 이야기해야 칭찬받는 사람도 공감할 수 있다. 나아가 구체적인 부분에 반영된 직원의 특성을 칭찬하면 좋다.

"마지막 부분이 정말 독창적이군. 이걸 보면 자네가 독창적인 사람이라는 사실을 알 수 있지."

이러한 칭찬은 직원의 심리적 만족도를 더욱 높여준다. 반대로 누구에게나 똑같은, 마음이 담기지 않은 판에 박힌 칭찬을 한다면 그것은 일종의 잔소리일 것이다.

직원을 칭찬하는 일은 어떠한 투자도 필요 없는 격려방식이다. 기업을 관리하는 사람은 칭찬에 인색하지 말고 진심이 담긴 말로 모두를 칭찬해야 한다. 이는 직원들이 회사에서 인간관계와 업무에 더 노력하게 도와주는 최고의 방법이다.

면접관의 질문에
침착하게
대처하는 법

면접은 구직 활동을 할 때 반드시 거쳐야 할 관문이다. 비교적 짧은 시간에 성공적으로 자신을 어필하려면 응시자의 대화전략과 말재주가 매우 중요하다.

TV 진행자 양란이 중앙방송국의 〈정대종예(正大綜藝)〉 진행자 모집에 응시했을 때의 일이다. 그녀는 난감한 질문을 받았다.

"만약 업무에 필요하다면, 비키니를 입을 수 있습니까?"

양란은 침착하게 대답했다.

"그것은 사회적 환경과 큰 관련이 있습니다. 외국의 나체 해수욕장이라면 비키니는 분명 과도한 노출이라고는 할 수 없을 것입니다. 그렇지만 중국에서는 비키니가 사람들의 공통적인 심미적 가치 기준에 부합하지 않습니다."

양란은 직접적인 거부를 드러내지 않고 함축적이고 담담하게 대답하는 말재주를 드러냈다.

당신이 만반의 준비를 갖추었다면, 면접 과정에서 자신의 생각을 침착하게 표현하고 기지를 발휘해 질문에 답하여 수월히 관문을 통과할 수 있을 것이다. 다음은 면접 과정에서 자주 볼 수 있는 문제와 이에 대한 답변 예시다.

① 업무 경험이 있는가?

이는 당신의 재능을 드러낼 수 있는 골든타임이다. 그러나 답변에 앞서 무엇을 말할지 분명하게 정하는 것이 중요하다. 당신이 입사 후 6개월간 어느 프로젝트를 담당하게 될지 알 수 없다면 우선 면접관에게 이를 물어야 한다. 그러면 상황에 따른 당신의 사고 및 분석 능력을 인정받을 수 있고, 당신이 얻은 정보를 통해 자연히 문제에 적절한 대답을 할 수 있다.

② 왜 이 업무에 지원했는가?

"제가 이 업무에 지원한 이유는 저 자신이 회사에 공헌할 수 있다고 생각했기 때문입니다. 저는 이 분야에 풍부한 경험을 가지고 있으며 저의 적응 능력은 이 업무를 한 단계 높은 수준으로 업그레이드시킬 것임을 확신합니다."

③ 왜 우리 회사에 지원했는가?

지원 동기와 업무에 대한 염원을 드러내기 위해 응시자는 먼저 기업의 상황을 파악하고 있어야 한다. 추상적 답변이나 자신의 장래 발전을 위해서 혹은 안정을 위해서라는 등의 대답은 좋지 않다.

"저는 귀사를 어느 정도 이해하고 있습니다. 특히 귀사는 경영 이념, 제품의 품질 및 직원 양성 프로그램이 비교적 잘 갖추어져 있다고 생각합니다"하는 식의 답변이 이상적이다.

④ 왜 전 직장을 그만두었는가?

"저의 전공, 능력과 포부에 비추어볼 때 제 장점을 더욱 발휘할 수 있는 곳을 찾고 싶었고, 이에 귀사가 저에게 가장 맞는 회사라고 생각했습니다."

⑤ 당신을 고용해야 할 이유는?

이는 답변에 가장 신경 써야 할 질문이다. 회사의 현재 요구를 근거로 당신의 우세한 조건을 강조하고, 업무의 필요성을 바탕으로 당신의 능력을 이야기하라. 관련 근무 경험이 없다면 당신의 다른 업무경험과 지금까지 받아온 교육 과정 등을 통해 자신이 지원한 업무에 적합하다는 사실을 강조해야 한다.

⑥ 회사가 배정한 업무가 마음에 들지 않는다면?

"개인적으로는 유감스럽지만 회사의 결정에 기꺼이 따르겠습니다. 저는 귀사의 업무 발전과 업무 스타일에 대해 충분히 이해하고 있기 때문에 응시하였습니다. 그러므로 어느 부서에서든지 열심히 일하며 새로운 것을 더 많이 배우기 위해 노력할 것입니다. 물론 앞으로 좋은 기회가 닿아 제가 원하는 일을 할 수 있게 된다면 더욱 기쁠 것입니다."

⑦ 언제부터 근무할 수 있는가?

대다수의 기업은 근무 시작 시기에 관심을 가진다. 가장 좋은 답변은 "채용된다면 회사의 규정에 따라 근무를 시작할 계획입니다"라는 것이다. 다만, 이전 직장을 그만두기 전이거나 근무 시작 시기가 너무 빠르다면 곤란할 것이다. 인수인계는 적어도 1개월 정도 걸리기 때문이다. 먼저 납득할 이유를 설명하면 회사는 분명 융통성 있게 처리해줄 것이다.

⑧ 성적은 어떠한가?

성적은 반드시 있는 그대로 대답해야 한다. 성적이 우수했다면 겸손한 말투로 소개하되, 상대가 당신을 경박하다고 느낄 정도로 자화자찬해서는 안 된다. 성적이 좋지 못하다면 그 이유를 설명해야 한다. 자신의 성적을 숨기거나 속이는 행위는 품성을 의심하게 만든다. 당신이 학습에 열심히 노력했다는 사실을 어필하고 자기 성적을 객관적으로 평가해야 한다. 그러면 당신의 성적이 이상적이지 못하더라도 면접관은 나쁜 반응을 보이지는 않을 것이다.

⑨ 연봉은 얼마를 원하는가?

당신과 면접관은 서로 다른 관점에서 이 문제에 꽤나 관심을 가질 것이다. 가장 현명한 답변은 직접적인 대답을 피하는 것이다. 업무에 기회와 도전성이 공존하기 때문에 흥미를 느껴 지원하였음을 강조하고 보수에 대한 이야기는 채용이 확정될 때까지 피하는 편이 좋다.

⑩ 당신의 가장 큰 결점은 무엇인가?

기업 측에서 이를 질문할 확률은 매우 높다. 그러나 솔직한 답변을 원하지는 않는다. 구직자가 자신의 결점을 마음이 좁고, 질투심이 강하고, 게으르고, 한 성격 하고, 업무 효율이 낮다고 대답한다면 기업은 분명 채용하지 않을 것이다. 그렇다고 해서 스스로 우쭐해 "저의 가장 큰 결점은 과도하게 완벽을 추구하는 것입니다" 하는 식으로 대답해서도 안 된다. 어떤 사람은 이러한 답변이 자신을 뛰어나 보이게 한다고 생각하는데, 이는 매우 위험한 답변이다. 기업이 선호하는 답변은, 장점부터 이야기하고 중간에 사소한 결점을 흘리고 마지막으로 다시 화제를 장점으로 돌려 이를 부각시키는 것이다. 기업은 현명한 구직자를 좋아한다.

⑪ 향후 5년간 당신의 업무 계획은?

이는 구직자들이 싫어하는 질문이지만 대부분의 구직자는 이를 듣게 된다. 비교적 많은 대답은 바로 '관리자'다. 그러나 최근 많은 기업은 관리자층을 이미 전문적인 기술을 지닌 다양한 직함으로 부르고 있다. '컨설턴트', '참여 기술자', '시니어 소프트웨어 엔지니어' 등으로 말이다. 물론 당신이 흥미를 느끼는 다른 직위를 말해도 좋다. 예컨대 제품 판매부서의 부장, 생산부서 부장 등 전공과 관련 있는 배경을 가진 업무를 말하는 것이다.

반드시 알아두어야 할 사실은 면접관은 향상심이 있는 지원자를 좋아한다는 것이다. 이때 만약 "모르겠다"라고 대답하면 당신은 좋은 기회를 잃을 것이다. 가장 보편적인 대답은 "저는 기술 영역에서 어느 정도 성과를 내려고 준비하고 있습니다" 혹은 "저는 회사의 관리제도에 따라 발전하고 싶습니다"라고 대답하는 것이다.

⑫ 다른 사람과 의견 충돌이 발생했다면 어떻게 해결할 것인가?

이는 가장 위험한 질문으로, 사실 면접관이 깔아놓은 함정이라 할 수 있다. 절대 누구의 잘못이라고 콕 짚어서 이야기하면 안 된다. 갈등을 성공적으로 해결하는 능력은 단체의 협동을 위해 구성원이 반드시 구비해야 할 능력이다. 당신이 서비스 분야에 지원했다면 이 문제는 당신의 합격 여부를 좌우할 중요한 일환이다. 면접관은 당신이 회사를 위해 자신을 기꺼이 헌신하는 성숙한 사람이기를 원한다. 그들은 이 문제를 통해 당신의 성숙도와 일 처리 능력을 이해하려 하는 것이다. 이러한 문제에는 '외부의 간섭이 없는 상황에서 타협을 통해 해결한다'고 대답하는 게 옳다.

⑬ 어떤 사람과 함께 일하고 싶은가?

이 질문의 의도는 구직자의 개성을 이해하기 위해서다. 면접관은 그 대답을 바탕으로 구직자가 새로운 조직에 들어갔을 때 기존 직원들과 잘 어울릴 수 있는가를 분석하고 판단한다. 즉, 구직자가 협동정신을 갖추고 있는지를 살피는 것이다. 이에 대해서는 과도하게 말을 돌리거나 답변을 고의로 회피하지 않도록 주의해야 한다. 이 질문에는 우선 자기 성격의 특징을 대략적으로 소개한 다음 어떤 사람과 함께 일하는 것이 좋은지 조리 있게 이야기하면 된다.

⑭ 지금껏 했던 일 중 가장 자랑스럽게 생각하는 일은 무엇인가?

이는 면접관이 당신에게 기회를 주려는 것이다. 당신 스스로 운명을 장악하고 있다는 사실과 잠재적 리더십 및 발전 가능성을 드러내라. 서비스 성격을 띤 부서에 채용된다면 업무적으로 오찬 등에 초대될 가능성이 높다. 이때는 자연스럽게 당신이 갖추고 있는 지식과 사교 능력, 종합적 표현력을 드러내야 한다. 당신의 미래는 이를 통해 결정된다.

⑮ 질문 있는가?

반드시 그렇다고 대답해야 한다. 질문을 통해 회사와 이번 면접, 업무 관련 정보를 더욱 많이 이해할 수 있도록 준비해야 한다. 웃으면서 없다고 대답한 다음 마음속으로 드디어 끝났다고 생각하며 안도의 한숨을 내쉰다면 이는 큰 실수다. 질문이 없다는 것은 그 회사와 업무에 깊은 흥미가 없다는 사실을 나타낸다. 가장 실질적인 질문을 던져 당신이 채용될 가능성을 살짝 떠보라.

다음은 당신이 선택할 수 있는 질문이다.

▶ 왜 공개채용을 하는 것입니까?

▶ 이 회사의 가장 큰 도전은 무엇입니까?

▶ 회사의 장기적 목표와 전략 계획을 간단히 소개해주실 수 있습니까?

▶ 이 직무를 담당하는 사람이 반드시 갖추어야 할 소양이 무엇이라고 생

각하십니까?

▶ 채용이 결정되기까지 대략 어느 정도의 시간이 소요됩니까?

▶ 저의 경력이나 능력에 대해 더 물어보실 것이 있습니까?

부하 직원에게
일을 지시할 때는
의논하는 말투로 하라

상사 혹은 경영자는 명령이 권위를 세워준다고 생각한다. 그러나 사실 명령은 직원들의 인정을 얻기는커녕 그들의 창조 정신과 향상심을 억압한다. 그러나 질문하는 방식으로 업무를 계획하고 의논하는 말투로 일을 지시한다면 종종 큰 효과를 거둘 수 있다. 직원은 독창적 견해와 가치 있는 제안을 마음껏 이야기할 수 있고, 우호적인 분위기 속에서 자발적으로 업무를 맡으려 하며 이를 완성하기 위해 최선을 다한다.

정카이는 작은 공장의 경영자다. 어느 날, 한 고객이 주문서를 보내왔다. 그의 공장은 이미 다른 일을 맡고 있었기에 주문서에 적힌 기한을 지킬 수가 없었다. 그러나 이는 거절하기 힘든 큰 거래이자 기회였다.

정카이는 직원들에게 초과 근무를 해서라도 주문서를 받아들이라고는 말할 수 없었기에 우선 모든 직원을 소집했다. 그는 상황을 구체적으로 설명하고, 요구 기한에 맞출 수 있다면 공장과 직원 모두에게 매우 큰 의미가 있을 것이라고 이야기했다.

"어떡하면 이 주문을 받을 수 있을까요?"

"색다른 아이디어 가진 사람 있습니까?"

"우리 업무 시간과 분량을 조절하면 안 될까요?"

직원들은 저마다 의견을 제시하며 주문서를 받아들이자고 했다. 그들이 '우리는 할 수 있다'는 태도로 주문서를 받아들인 결과 제품은 정해진 기한에 납품할 수 있었다.

경영자는 업무를 지시할 때 의견을 구하듯 최대한 협력적인 말투를 사용해야 한다. 이로써 직원은 그것이 자신의 일임을 깨닫고 경영자의 요구를 기꺼이 받아들이며 신속하게 효과적으로 임무를 완성한다. 다짜고짜 지시를 내리면 직원은 내키지 않는 마음으로 일하게 된다.

직원에게 일방적으로 지시하기보다는 함께 의논하고 의견을 구하는 편이 좋다. 일방적 지시에 직원은 이를 자신이 아닌 경영자를 위한 일이라고 느낀다. 그러면 어느 정도 적극적으로 임할 수는 있지만 잠재 능력을 발휘하기는 어렵다. 업무 지시 단계에서 직원과 상의하고 의견을 구하면 그는 경영자가 자신의 능력을 신뢰하고 인정한다고 여긴다. 서로의 의견이 일치하거나 직원의 의견이 더 낫다면 업무는 직원에게 전적으로 맡기는 편이 좋다. 직원은 자기 의견이 토대가 되었기에 자신을 위한 일이라고 생각하게 된다. 그리고 업무를 성취해내면 경영자나 동료들이 자신을 대하는 태도가 달라질 것이라 여겨 잠재 능력을 발휘해 열심히 노력할 것이다.

스칸디나비아항공의 CEO 리카르트 구스타프손은 회사 내부의 낡은 규칙과 관습이 회사 발전에 중대한 장애가 되고 있다고 판단해 대대적인 개혁을 진행하기로 결정했다. 그는 스칸디나비아항공을 유럽 최고의 항공사로 거듭나게 할 생각이었다.

구스타프손은 '적합한 인재를 선출해 합리적인 권한을 부여하고 직원들이 정한 목표를 최대로 발휘할 루트를 찾는 것'이 중요하다고 생각했다. 그는 인재를 제대로 등용할 줄 알았고, 적합한 인물을 찾아냈다.

구스타프손은 그 인재를 찾아가 물었다.

"어떻게 하면 가장 시간을 잘 지키는 항공사가 될 수 있을까? 자네도 생각 좀 해보게. 우리 그 목표를 달성할 수 있을지 한번 살펴보세."

구스타프손이 그에게 이래라저래라 명령을 내렸다면 아마 그는 마감 시한 내에 임무를 완수하지 못했을 것이다. 어쩌면 그는 기간이 임박해서야 자신은 최선을 다했고 어느 정도 진전은 있지만 100만 달러가 더 필요하며 임무를 완성할 시간을 3개월 더 달라고 요구했을지도 모른다.

그러나 현명한 구스타프손은 질문방식을 운용해 상대가 스스로 답을 찾게 만들었다.

몇 주 후, 그가 구스타프손을 찾아왔다. 목표는 달성할 수 있을 것 같지만 대략 6개월의 시간이 걸리고 150만 달러라는 거금이 필요하다는 것이었다. 그는 구스타프손에게 자신의 완벽한 방안을 설명했다. 구스타프손은 매우 만족했고 임무를 그에게 전적으로 맡겼다.

약 4개월 후, 직원은 드디어 구스타프손에게 성과를 보여주었다. 이때 구스타프손의 목표는 이미 달성된 것이나 마찬가지였다. 스칸디나비아 항공은 이미 전 유럽에서 가장 시간을 잘 지키는 항공사가 되었고, 150만 달러의 경비 중 50만 달러나 절약할 수 있었다.

직원의 의견을 구한 후 지시를 내리는 방법의 장점이 잘 드러난 예시다. 다른 사람의 명령에 복종하는 것을 진심으로 좋아하는 사람은 없다. 대부분은 자신의 의견을 제안하고 상대와 협상하듯 이야기를 나누고 싶어 한다.

"이 방법이 통할 수 있을까?"

"최대한 빠른 시일 내에 이 임무를 완성할 수 있겠나?"

이처럼 건의적인 지시는 부하 직원이 흔쾌히 받아들일 수 있고 최선을 다해 임무를 완성하게 한다.

어느 직원이 자기 회사의 경영자에 대해 이야기했다. 경영자는 지금껏 명령조로 업무를 지시한 적이 없었고, 항상 자신의 생각을 먼저 들려준 다음 물었다.

"자네는 이것이 적합하다고 생각하나?"

그는 직원에게 편지를 받아쓰게 한 다음 종종 물었다.

"자네는 이 편지를 어떻게 생각하나?"

비서가 문건을 변경할 필요가 있다고 말하면 의견을 구하고 상담하듯 말했다.

"이 문장을 이렇게 바꾸는 것이 좋을지도 모르겠네."

그는 항상 다른 사람이 직접 나설 기회를 주었다. 그리고 부하 직원들이 알아서 일을 하게 했다. 부하 직원들은 실수를 통해 배우고 성장할 수 있었다.

이러한 경영자 주위에서 직무를 담당하는 일은 분명 즐거울 것이다. 그러므로 부하 직원에게 업무를 지시할 때, 그가 스스로 잘못된 부분을 수정하게 하려면 '명령'이 아닌 '의논'과 '제안'의 방법을 시도하는 편이 좋다.

의논하듯 업무를 지시하기 위해서는 누구든 온화한 태도로 평등하게 대해야 한다. 관심과 신뢰로 상대를 대해야 하며 자신을 특별하다고 여기거나 가르치려는 태도를 보여서는 안 된다. 또한 속사포처럼 질문을 퍼붓거나 상대의 말을 중간에 끊어서도 안 된다. 직원에게 자신의 관점을 설명할 기회를 주고, 맞는 것은 긍정하고, 틀린 것은 지적해야 우호적인 분위기에서 업무를 완성할 수 있다.

동료와
이야기를 나눌 때의
대화 기술

동료와 양호한 인간관계를 구축하려 할 때 소통이 매우 중요하다. 소통하기 위해서는 서로 도움을 주고 이해하며 격식에 맞는 언어를 사용해야 한다. 말다툼이 발생하는 이유는 대부분 적절하지 않은 말로 상대의 오해를 사서 엇갈림이 발생하기 때문이다.

동료와 대화를 나눌 때는 반드시 입을 조심해야 한다. 때와 장소를 고려하지 않고 말을 내뱉어서는 안 된다. 한순간의 즐거움을 위해 방법을 강구하지 않고 무슨 말이든지 다 내뱉어버리면 결국 타인의 미움만 살 뿐이다.

동료는 함께 일하는 사람이지, 삶의 파트너가 아니다. 동료에게 진심으로 당신을 포용하고 양해해주는 부모나 형제자매 같은 관계를 바랄 수는 없다. 일반적으로 동료 간에는 예의를 지키는 평등한 관계를 유지하는 것이 가장 좋다. 당신과 동료는 동일한 게임 규칙을 준수하며 끝까지 게임을 해나가야 하는 협력관계다. 이때 당신은 동료를 이해하려 노력하고 그들의 입장에서 생각해야 한다. 그러면 동료에게 해서는 안 되는 말, 알려서는 안 되는 사실을 더욱 잘 이해할 수 있을 것이다. 동료와 이야기를 나눌 때는 반드시 정도를 지켜야 한다. 그러지 않으면 당신에게 불필요한 번거로움을 가져올 뿐이다.

① 진심으로 동료를 대하라.

동료들과 조화로운 인간관계를 구축하기 위해서는 적절한 소통이 필요하다. 특히 당신이 새로운 환경에 몸담게 되었다면 더욱 신중히 행동하고 이야기해야 한다. 적절하지 않은 말로 상대의 오해를 사 균열을 만들지 마라. 동료를 진심으로 대하고 주도적으로 인사를 나누어라. 대화를 나눌 때도 자기 자랑은 삼가고 시시각각 겸허하고 우호적인 태도를 유지해야 한다.

② 단순한 잡담을 할 때는 시비를 논하지 마라.

사람이 모이는 곳에는 뒷공론이 있게 마련이다. 때로 당신은 한순간의 실수로 '허풍쟁이'가 될 수도 있고, 누군가의 '공격' 대상이 될 수도 있다. 이러한 뒷공론, 예컨대 상사가 누구를 좋아하고, 누구를 가장 아끼고, 누구와 스캔들을 일으키는지 등의 이야기는 소음과도 같아서 업무 분위기를 망친다. 현명한 사람은 말을 해야 할 때는 용감하게 말하고 말을 하지 않아야 할 때는 입을 다물 줄 안다.

③ 동료를 존중하라.

인간관계에서는 우리가 타인을 대하는 태도가 우리를 대하는 타인의 태도를 결정한다. 그러므로 타인의 존중을 받고 싶다면 먼저 타인을 존중해야 한다. 누구나 존중받고 싶어 하는 강렬한 욕구가 있으며 체면을 중시한다. 혹시 당신이 동료를 난처하게 만드는 이야기를 했다면 그는 겉으로는 웃어넘겨도 마음속으로는 깊은 상처를 받았을 것이다. 자존심에 상처를 받은 상대는 당신과의 교제를 회피할 수도 있다.

④ 사람들 앞에서 자기 자랑을 하지 마라.

당신이 전문 업무 능력이 뛰어나고 사장도 당신을 높이 평가한다고 치자. 이를 굳이 동료들 앞에서 자랑거리로 삼아야 할까? 아무리 능력이 뛰어나도 직장에서는 항상 조심하고 신중해야 한다. '뛰는 놈 위에 나는 놈 있다'고 어느 날 갑자기 당신보다 능력 좋은 사람이 나타난다면 당신은 즉시 웃음거리로 전락할지 모른다. 만약 사장이 당신에게 특별 보너스를 주었다 해도 이를 자랑하지 마라. 동료들은 당신을 축하하는 동시에 분명 질투할 것이다.

⑤ 의견 충돌을 피하라.

사람은 경력과 입장 등이 서로 다르기에 동일한 문제에 대해 다른 견해를 가지기 쉽다. 이 때문에 논쟁이 벌어지면 자칫 서로의 감정만 상한다. 동료들과 의견이 엇갈리더라도 과도한 논쟁을 벌이지 마라.

새로운 관점을 받아들이기 위해서는 일련의 과정이 필요하다. 그런데 우리는 '사회적 체면', '경쟁 심리'를 가지고 있기 때문에 상대를 우리 의견에 맞게 설득하기란 매우 어렵다. 이때 과도한 논쟁을 벌인다면 갈등이 쉽게 격화되고 이는 전체의 단결력에도 영향을 미친다. 물론 무조건 화합만 생각하라는 것은 아니다. 원칙적인 문제를 논하는 데 자신의 의견을 고수하지 않으면 남의 의견에 쉽게 휩쓸릴 위험이 있기 때문이다.

문제를 마주했을 때, 특히 상호 의견이 불일치할 때는 공통점을 찾기 위해 노력해야 한다. 그런 다음 서로 공통되는 부분을 취하고 부차적인 의견은 냉정히 생각할 시간을 두어 보류하는 편이 좋다. "나는 당신의 관점을 받아들일 수 없어. 내 의견은 보류하도록 할게"라고 이야기하면 논쟁을 수습하고 당신의 입장도 내세울 수 있다.

⑥ 동료를 돕고 궁지에 빠뜨리지 마라.

직장, 작게는 한 부서는 일종의 대가족이다. 모든 구성원은 가정의 한 부분이며 서로 돈독한 관계를 맺고 소통하며 협조할 필요가 있다. 서로 의심하거나 질책하지 말고 서로에게 해가 되는 말은 삼가야 한다. 즉, 동료와는 서로 도움 되는 관계가 되어야 한다. 또한 부서의 단결에 불리한 말과 일은 삼가고 동료들과 공동으로 협력과 진전을 이루어야 한다. 특히 다른 부서에 긍정적인 인상을 주고 싶다면 부서 내 사람들이 서로를 궁지에 빠뜨리지 말고 협력해야 한다. 또한 자기 자신을 위한 사소한 이익 때문에 단체의 이익에 손해를 끼치면 안 된다. 이는 집안의 허물을 밖으로 드러내지 않는 것과 같은 이치다.

⑦ 자신의 열세를 스스로 드러내라.

직장에서 당신이 동료보다 능력이 뛰어나다는 사실이 분명할 때 동료와 가까운 거리를 유지해야 그들이 당신을 질투하지 않는다. 당신이 노력하고 이로써 우수한 능력을 발휘한다는 사실을 인정할 수 있게 해야 한다. 동료보다 우위를 점하고 있을 때는 평소 대화에 주의하고 자신의 열세를 부각시켜라. 그러면 동료는 질투라는 심리적 압박감을 덜어내고 일종의 심리 균형을 유지할 수 있다. 나아가 당신에 대한 질투가 옅어지거나 사라질 수도 있다. 스스로 열세를 드러내며 자기보다 능력이 못한 사람에게 묻는 것을 부끄럽게 여기지 않으면 동료들과 더욱 긴밀한 관계를 맺을 수 있고, 업무에서도 완벽한 성과를 창출할 수 있다.

부하 직원에게
주의를 주는 기교

사람은 성인이 아니므로 누구나 잘못을 저지른다. 업무에서 부하 직원들은 종종 오류와 실수를 범한다. 이때 상사는 부하 직원의 잘못을 지적하고 교정해서 똑같은 실수를 반복할 가능성을 없애야 한다. 그러나 적정선에서 주의를 주지 않으면 정반대의 효과를 불러올 수도 있다.

"샤오자오, 내 방으로 오게!"
판매부장은 '탁' 소리를 내며 전화를 끊었다. 방금 전까지만 해도 동료들과 희희낙락 이야기를 나누던 샤오자오는 두려움에 사로잡혔다. 그는 눈 딱 감고 부장의 방에 들어갔다.
"자네 이번 달 판매 실적 좀 봐. 어떻게 이렇게 떨어질 수가 있나? 샤오리는 들어온 지 두 달밖에 안 됐는데 실적이 이번 달 최고라고. 회사가 자네한테 월급을 얼마나 주는지 알아? 이 상태가 계속되면 판매 실적 일위도 얼마 못 갈걸?"

샤오자오가 입을 떼기도 전에 부장이 속사포처럼 말을 쏟아냈다. 그러고 는 두꺼운 보고서를 샤오자오의 면전에 던졌다.

"부장님, 저는……."

샤오자오는 이번 기회에 부장과 정면으로 소통해야겠다고 생각했다.

"아무 말도 필요 없네. 가서 반성이나 해. 한 달 주겠네. 다음 달에 실적 이 오르지 않으면 자네 연말 상여금을 깎을 거야. 됐으니 가봐."

부장은 귀찮은 듯 손사래를 치며 샤오자오를 쫓아냈다.

샤오자오는 기세등등한 부장의 태도에 억울하고 울화가 치밀었다. 자신 은 회사 창립 때부터 지금까지 온갖 풍파를 겪으며 열심히 노력해 새로 운 고객을 개발하고 기존 고객을 튼튼히 다져왔다. 매년 우수 사원으로 평가되었지만 이러한 사실을 부장은 전부 잊은 듯했다. 이번 달에 그는 새로운 시장을 개발하라며 부장이 파견하는 바람에 실적을 올릴 수가 없 었다. 그러나 전 분기와 비교했을 때 그가 개발한 시장은 현재 10퍼센트 의 속도로 성장하고 있다. 게다가 이번 달에는 본사의 출하가 늦어지는 바람에 많은 고객이 주문을 취소한 것이다. 샤오자오는 부장이 그저 숫 자만 볼 뿐 실제 상황을 파악하지 못한다고, 너무 불공평하다고 생각했 다. 그는 당장이라도 그만두고 싶었다.

판매부장의 주의는 긍정적인 작용을 하지 못했다. 샤오자오의 적 극성을 불러일으키기는커녕 일에 대한 열정까지도 죽이고 말았다.

아무리 경미한 주의라도 받는 사람은 기분이 나쁘다. 상사의 태도 가 막무가내 딱딱한 데다 높은 곳에서 내려다보는 시선이라면 이는 갈등을 야기하고 반발심을 유발한다. 그러면 상사의 주의는 아무 효과도 얻을 수 없다. 그러므로 부하 직원에게 주의를 줄 때는 반드시 태도에 신경 써야 한다. 성실하고도 우호적인 태도는 일종의 윤활제 작용을 하므로 마찰을 감소시키고 적극성을 자극할 수 있다.

사람은 본능적으로 주의나 질책을 싫어한다. 당신의 말이 맞든 틀리든 주의를 듣는 사람은 불편함을 느낀다. 그러나 주의를 줄 때 적절한 정도를 지키면 기꺼이 받아들인다. 상사의 주의는 부하 직원에게 좋은 교훈이자 입에 달아야 치료 효과가 있다.

샤오왕은 자주 지각을 하는데 그 이유도 천차만별이다. 차가 막혀서, 몸이 안 좋아서, 이웃 주민이 도움을 필요로 해서…… 그녀의 다양한 이유에 부장도 두 손 두 발 다 들었다.

어느 날 퇴근 시간에 부장이 샤오왕에게 물었다.

"샤오왕, 오늘 저녁에 무슨 일 있어?"

"아무 일도 없는데요."

"그럼 얼른 돌아가서 잠자리에 들도록 해. 자네가 내일 또 지각하는 걸 보고 싶지 않아."

샤오왕은 동료들 앞에서 매우 부끄러웠다. 이후 그녀의 지각은 확연히 줄었다. 동료들이 이를 가지고 놀려대자 그녀가 말했다.

"부장님이 그렇게 관용적인 태도로 대해주시는데 어떻게 지각을 할 수 있겠어?"

부장은 부하 직원에게 주의를 주는 기술을 알고 있었다. 그는 우스갯소리로 샤오왕의 반감을 사지 않으면서 스스로 잘못을 고치게 했다. 이러한 상사는 누구에게나 환영과 지지를 받는다. 부하 직원에게 주의를 줄 때는 최대한 부드러운 말투를 사용해 호감과 존중을 끌어내자.

어느 대형 철강 그룹의 전기 기술자가 전기 기구의 회선을 수리하고 있는데 기술적인 문제가 발생했다. 그 결과 원래 계획보다 10분 늦게 수리를 마쳤고 이에 관리자는 기분이 언짢았다. 그는 13시간이나 고생한 전기 기술자를 큰소리로 꾸짖었다.

"자네들은 다 돼지야. 월급만 받아 갈 줄 알았지, 제대로 일도 못하는 돼지라고! 당신들이 실수를 했으니 전기 기술자들 모두를 기계 조립 전문가로 바꿔야겠어."

분야가 다르면 서로의 업무를 전혀 이해할 수 없다. 전기 기술자와 기계 조립 전문가는 전문성이 강한 직업이다. 그들의 업무를 맞바꾸는 것은 그야말로 터무니없는 일이다. 이는 기업의 생산에 불리할 뿐만 아니라 업무를 마비시키고 나아가 기업을 망하게 하는 일이다. 몇몇 보조와 전기 기술자, 기계 조립 전문반의 반장은 관리자의 황당한 명령이 철회되기를 바랐지만 결과는 문전박대였다.

"내가 한 말인데 책임을 져야지? 당신들 설마 나는 안중에도 없이 제멋대로 반발하는 거야? 쓸데없는 생각 말고 다들 꺼져버려."

부하 직원이 잘못을 저지르면 상사는 어쩔 수 없이 주의를 주어야 한다. 이때는 반드시 실제 상황에 근거해야 한다. 직원의 신념에 상처 주거나 인격적인 모독을 주어서는 안 된다. 상스러운 언어를 사용해서도 안 된다. 누구나 자존심이 있다. 관리자는 부하 직원에게 주의를 줄 때 그의 감정에도 신경을 써야 한다. 그러지 못하면 주의는 효과적일 수 없고, 오히려 적을 만들어 업무에 방해가 될 뿐이다.

프랑스의 작가 생텍쥐페리는 말했다.

"나에게 한 사람의 자존심을 억압할 권리는 없다. 중요한 것은 그 사람에 대한 내 생각이 아니라 그 사람 자신의 생각이다. 다른 사람의 자존심에 상처를 입히는 일은 일종의 범죄다."

상사로서 주의를 주거나 징계를 내려야 할 때는 부하 직원의 자존심을 지켜주자.

COMMUNICATION

상사에게
월급 인상을
어떻게 요구할 것인가

직장에서의 수입과 능력이 비례한다고 단순히 말할 수는 없지만 수입은 우리의 업무 능력 혹은 가치를 어느 정도 반영한다. 우리는 자신의 업무 실적이 수입과 정비례하기를 원한다. 업무 실적과 수입이 불일치하면 월급 인상을 요구하고 싶은 것은 당연하다. 그러나 이는 지뢰와 같아서 적절한 시기와 장소에 뛰어난 기지를 발휘해야만 수용될 수 있다. 그러지 않으면 인상은커녕 상사나 회사의 반감을 살 수 있다.

웨화는 오랫동안 월급 인상을 학수고대했다. 공장에서 4년 일한 그는 자신의 업무 능력이 나름대로 괜찮다고 생각했다. 게다가 딱히 큰 실수를 저지른 적도 없다. 그러나 사장은 월급을 올려줄 의사가 전혀 없는 것 같았다. 자신의 가치가 제대로 평가되고 있지 않다고 생각한 그는 속으로 매우 고민했다. 이미 몇 차례나 사장에게 은근슬쩍 암시를 주었지만 사장은 아무런 반응도 보이지 않았다. 그렇다고 자신의 뜻을 명확하게 사장에게 요구하자니 겸연쩍기도 하고, 거절당할까 봐 두렵기도 했다. 그러나 말을 하지 않으면 답답한 마음을 풀 길이 없었다. 결국 그는 용기를 내어 월급 인상을 원한다는 의사를 밝혔다. 생각 외로 사장은 그의 업무를 몇 주간 주시하더니 선뜻 월급을 올려주었다. 그의 고민은 이렇게 간단히 해결되었다. 그는 자신의 정당한 권리를 열심히 쟁취할 필요가 있다고 생각하게 되었다.

스스로 월급 인상이 합리적이라고 생각한다면 그것을 요구할 권리가 있다. 그러나 월급 인상을 요구할 때는 상사와 생각을 교류해야 한다. 상사가 당신의 요구를 거절해도 서로 난처해지는 상황은 피해야 향후 업무에도 영향을 끼치지 않는다. 상사와 월급 인상을 이야기하는 것은 대화술의 일종이며 조건과 시기에 주의해야 할 뿐만 아니라 일정한 기교를 파악해야 한다.

① 적절한 시기를 선택하라.

회사가 곤란한 시기 혹은 상사의 기분이 좋지 않을 때 월급 인상을 요구하면 그 결과는 불 보듯 뻔하다. 그러므로 적절한 시기를 선택하는 일은 매우 중요하다. 가장 적절한 시기는 상사가 성공으로 기뻐할 때 혹은 집안의 경사로 기분이 좋을 때다. 이때의 요구는 상사가 비교적 쉽게 받아들인다.

요컨대 월급 인상을 요구할 최적의 시기를 부지런히 관찰하고 생각해야 성공할 수 있다.

② 분명한 이유와 근거가 있어야 한다.

월급 인상을 설득하기란 결코 쉽지 않다. 자칫하면 당신에 대한 좋은 이미지가 깨지고 향후 업무에 영향을 줄 수도 있다. 그러므로 월급 인상을 요구하기 전에 분명한 이유와 근거를 준비하는 것이 좋다. 당신의 월급을 인상해주는 것이 회사에도 유리하다는 사실을 인식시키고 당신이 머지않아 회사에 풍성한 수확을 가져다줄 수 있음을 인정받아야 목적이 이루어진다.

월급 인상의 전제조건은 당신의 스펙이다. 스펙이란 무엇인가? 당신의 평소 업무 능력과 회사 발전을 위해 해온 노력이다. 이 모든 것이 갖춰지면 당신의 스펙은 자연히 상승한다. 이때 월급 인상을 요구할 것인가 말 것인가는 당신이 결정할 일이다. 당신이 나서지 않아도 분명 머지않아 월급은 인상될 것이기 때문이다. 주위 사람들은 항상 당신을 지켜보고 있다.

말
재
주

Chapter 5
능숙한 말솜씨로
고객의 마음을
사로잡아라

고객의 호기심을
유발하라

제품 판매 과정에서는 고객의 호기심을 유발해야 구매를 끌어낼 수 있다.

호기심은 인류가 대자연과 자기 자신을 인식하는 원동력이다. 호기심 덕분에 인류는 끊임없이 탐색하며 지식과 문화를 축적해왔다. 마찬가지 이치로 제품 판매 과정에서 유발한 호기심은 제품의 판매량 향상을 촉진하는 중대한 심리 요소다.

고객의 주의력을 끌어 판매자의 의지대로 행동하게 만들어라. 호기심은 인류의 천성이다. 고객의 호기심을 끌어 제품에 주의력을 집중시킬 수 있다면 이미 절반의 성공이라 할 수 있다.

한 대형 백화점의 사장이 장신구 판매원의 접견을 몇 번이나 거절했다. 그 이유는 백화점이 이미 몇 년간 거래해온 장신구 회사가 있었기 때문이다. 사장은 기존의 거래관계를 변화시킬 이유가 없다고 생각했다. 그래도 장신구 판매원은 재차 백화점을 방문해 사장에게 손편지를 건네주었다. 거기에는 다음과 같이 쓰여 있었다.

'경영 문제에 대해 제가 한 가지 건의를 할 수 있도록 10분만 시간을 내주실 수 있겠습니까?'

이 편지는 사장의 호기심을 자극했고 그는 판매원을 불러들였다. 장신구 판매원은 새로운 스타일의 넥타이를 사장에게 보여주며 이 제품에 합리적인 가격을 매긴다면 과연 얼마일지 물어보았다. 사장은 제품을 자세히 살펴본 다음 진지하게 답했다. 10분이 지날 무렵 판매원은 가방을 들고 떠나려고 했다. 그러자 사장은 그에게 다시 넥타이를 보여달라 하고는 판매원이 원하는 가격에 대량으로 구입했다. 이 가격은 사장 본인이 매긴 가격보다 약간 낮은 가격이었다.

누구나 새롭거나 남다른 물건에 호기심을 느낀다. 상대의 호기심을 유발하고 싶다면 먼저 상대방의 흥미를 끌어내는 동시에 상대가 잘 모르는 내용을 이야기해야 한다. 그래야만 비로소 상대가 한 걸음 더 나아가도록 유도하고, 알고자 하는 욕구를 만족시킬 수 있다. 적당한 방법으로 고객의 호기심과 제품을 한 단계 더 이해하고 싶은 욕구를 유발시키는 것, 이것이 곧 판매로 이어진다.

상대의 호기심을 유발하면 서로의 거리를 한 걸음 좁힐 수 있다. 즉, 상대의 호기심을 유발하는 것은 판매의 중요한 수단이다. 호기심 유발은 상대의 욕구와 관련된 심리적 포인트를 자극하는 것이다. 예컨대 상대방에게 "직접 보시면 알게 될 겁니다. 이것은 여자 친구에게 보내기에 가장 좋은 선물입니다"라고 말하거나 권위자의 이름을 빌려 상대의 마음을 움직이는 것이다.

"이 제품은 해외에서 전시했을 때 그곳 대통령도 깜짝 놀란 제품입니다."

혹은 상대가 알고 있는 유명인이 제품을 구입했다고 하면 상대는 분명 제품을 구매할 마음이 생길 것이다.

호기심은 사람에게 보편적으로 존재하는 행동 동기의 일종으로, 고객의 구매 결정은 호기심의 영향을 많이 받는다. 실제 상황에서 판매원은 먼저 고객의 호기심을 유발해 고객의 주의와 흥미를 끈 다음 제품의 이점을 설명하며 신속하게 판매 성립 단계로 이끌어야 한다.

고객의 입장에서
생각하라

'자신이 먼저 고객을 위해야 고객은 비로소 당신을 생각한다.'

고객의 시각에서 고객을 위해 생각하는 것이 바로 성공의 근본이다. 고객의 입장에서 생각하는 것은 시종일관 고객 중심의 서비스를 제공하기 위한 전제조건이다.

판매원에게 입장을 바꾸어 생각하는 사고방식은 매우 중요하다. 고객 입장에서 생각한다는 것은 고객의 시각에서 문제점을 사고하고 이해하며, 고객이 가장 필요로 하는 것과 필요로 하지 않는 것이 무엇인지 안다는 의미다. 그래야만 비로소 고객에게 최고의 서비스를 제공할 수 있다. 우수한 판매원은 고객 입장에서 문제를 생각하는 일이 성공적인 판매의 중요한 비결임을 알고 있다.

제품 판매 과정에서 시시각각 고객의 시각에서 생각하고 고객이 당신을 자기편이라고 느낄 정도로 특별히 대하면 고객의 마음에는 당신에 대한 친밀감이 생겨난다. 그러면 고객은 당신이 판매하는 제품과 당신 자체에 흥미를 느끼게 된다.

고객의 입장에서 생각하기 위해서는 우선 자신이 고객이라고 가정해야 한다.

'내가 고객이라면 어떤 제품을 사고 어떤 서비스를 받고 싶을까?'

'나에게 진짜 필요한 것은 무엇인가?'

'애프터서비스는 제대로 받을 수 있을까?'

고객 입장에서 생각하면 판매 과정의 중요 포인트를 비교적 쉽게 파악할 수 있다. 대다수의 판매원이 고객을 대하는 태도는 고객 입장과 꽤 큰 차이가 있다. 판매원은 대부분 고객이 무슨 이유로 물건이나 서비스를 구입하는지 전혀 흥미가 없다. 고객이 구입한 제품 혹은 서비스 덕분에 돈을 받는데도 그런 마음가짐으로 제품을 다시 구입해줄 충실한 고객을 만들 수 있을까? 물론 불가능하다. 고객의 신뢰를 얻으려면 고객이 당신의 우수한 서비스와 태도를 느낄 수 있어야 한다.

판매원은 고객을 위해 생각하고 그들의 입장에서 문제점을 바라보며 이를 해결하기 위해 노력해야 한다. 고객과 직접 교류하는 과정에서는 특히 고객의 입장에서 생각하도록 주의해야 한다. 고객의 입장에서 문제점이나 건의를 제시하고 이를 해결할 수 있어야 한다.

판매원이 진심으로 고객을 돕고 가치 있는 정보를 제공한다면 고객은 이를 판매 행동이라고 생각하지 않는다. 당신이 고객의 입장에서 생각할 줄 아는 판매원이라면 고객은 당신에게서 믿을 만한 정보를 얻은 후 거래를 계속하기를 원할 것이다. 상대의 인정을 얻으려면 먼저 그 사람을 위해 생각하고 그의 이익에 관심을 가져야 한다. 그러면 당신은 고객의 믿을 만한 파트너가 될 수 있고 쌍방 모두 이익을 얻는다. 이때 당신은 고객의 실제 상황을 근거로 정보를 선택하고 운용해야 한다.

판매원이 판매만을 위해 끊임없이 말을 늘어놓고 제품을 과장해 선전한다면 고객은 그 제품을 신뢰하기 어렵다. 그러나 고객의 입장에서 생각해 이야기한다면 고객의 흥미를 끌 수 있다. 사람들이 흥미를 일으키는 일은 모두 자신과 관련된 일이다. 결국 판매원은 고객 및 판매 관련 정보를 바탕으로 고객 입장에서 이야기해 고객의 주의를 끌어야 한다.

성공적인 판매로 나아가는 첫걸음은 고객의 요구를 주관적으로 판단하는 것이 아니라 상대가 당신의 고객이 될 수 있도록 유도하는 것이다. 고객과의 신뢰관계가 진정으로 수립되었을 때 우리는 비로소 자신의 생각을 고객에게 정확히 전달할 수 있다.

효과적인 질문이
고객을 부른다

고객과 소통할 때 아무리 뛰어난 말솜씨를 부려도 고객은 여간해서는 입을 열지 않고, 먼저 손을 내미는 법도 없다. 판매원의 목적은 고객이 주도적으로 이야기하도록 유도해 효과적인 소통을 달성하는 것이다. 이때 효과적인 질문을 던져야 한다. 질문을 통해 판매원은 고객이 자신의 의도를 완전히 이해했는지, 혹시 자신이 고객의 뜻을 잘못 파악하지는 않았는지 확인할 수 있다. 이를 통한 고객과의 소통은 판매 과정에서 나타날 문제점을 최대한으로 낮춘다.

질문은 이야기의 화제를 명백히 알 수 있는 가장 좋은 방식이다. 또한 쌍방이 서로의 견해를 이해하고 있는지 확인하고 기대와 수요를 만족시킬 방법이다. 고객의 구매전략을 파악하는 사람만이 효과적인 판매 활동을 진행할 수 있다. 경청과 질문은 고객의 구매전략을 파악할 두 개의 열쇠나 마찬가지다.

효과적인 판매에는 판매원과 고객 사이의 정보 교류가 필요하다.

고객의 요구를 만족시키기 위해서 판매원은 반드시 질문을 통해 고객의 답변과 평가를 유도하고 경청해야 한다. 즉, 효과적인 질문은 고객과 조화로운 관계를 수립하는 과정에서 가장 중요한 단계다.

판매원은 이러한 질문을 통해 자신이 판매하는 제품 혹은 서비스를 고객이 구매할 결정을 내리지 못하는 진정한 원인이 무엇인지, 가장 중요하게 생각하는 것이 무엇인지 알 수 있다. 일단 고객이 판매원에게 마음의 문을 열어 자신이 중요하게 생각하는 부분을 이야기하면 판매원은 고객이 구매를 거절하는 잠재적 원인과 이를 해결할 적절한 방법을 알 수 있다.

고객을 몇 마디 말로 간단히 설득시키기란 힘들다. 그러나 끊임없는 질문을 이용해 고객의 답변을 당신의 의도대로 유도한다면 제품을 구매하도록 설득하는 일은 훨씬 간단해진다.

판매 과정의 모든 단계는 질문과 밀접한 관계가 있다. 초기에 고객을 확보하는 단계에서 질문은 고객을 식별하는 데 도움을 준다. 그리고 고객의 요구를 유발시키는 단계에서는 궁금증을 파악하고 제품 혹은 서비스 그리고 어떻게 하면 더 저렴한 비용으로 고객의 문제를 해결할 것인가를 고객에게 확실히 설명할 수 있게 한다. 이처럼 모든 단계에서 핵심적인 역할을 하는 질문은 고객과의 거래를 촉진하고 행동을 취하는 단계에서도 중요하다. 그러므로 판매원은 반드시 효과적인 질문방식을 파악하고 있어야 한다.

명확한 수치를
드러내는 자료일수록
상대의 신뢰감을 얻는다

숫자는 일종의 언어 부호이자 정보이다. 숫자는 진실하고 구체적인 느낌을 주므로 상대는 머릿속에 명확한 이미지를 떠올릴 수 있다. 설득 과정에서 숫자를 운용하면 쉽게 성공할 수 있다. 그래서 말재주에 통달한 사람들은 중요한 순간, 특히 비즈니스 자리에서 숫자를 빌려 이야기한다.

과거 몇 년간 세계 각지에서 비행기 사고가 빈번하게 일어났다. 이에 자주 출장이나 여행을 가거나 유학 중인 사람들은 비행기 타는 일을 무서워했다.

어느 항공사가 비행기 티켓을 판매하는데 누군가가 직원에게 말했다.

"이렇게 자주 사고가 나니 언젠가는 나도 당할까 봐 무섭네요. 내 생각엔 직접 차를 운전해서 가는 게 낫겠어요!"

직원이 즉시 말했다.

"고객님, 비행기 사고는 매우 심각하고 일반적이지 않은 일이기 때문에 한 번의 사고만으로도 승객들을 크게 놀라게 하지요. 그러나 비행기 사고가 날 확률은 복권에 당첨될 확률보다 훨씬 낮습니다. 백만 분의 일도 되지 않아요."

"복권은 매 회 당첨자가 나오잖아요! 설마 비행기 사고도 운항편마다 일어나는 것은 아니지요?"

"고객님, 비행기 엔진이 고장 날 확률은 매우 낮습니다. 정확히 말해서 비행기 사고가 날 확률은 십억 분의 일도 되지 않습니다."

직원은 충만한 자신감으로 설명했다. 직원이 숫자를 들어 설명하자 승객은 안정을 되찾았고 불안감은 말끔히 해소되었다.

이것이 바로 '숫자'의 힘이다. 숫자를 사용해 당신의 관점을 뒷받침하면 더욱 설득력이 있다. 비록 숫자에는 감정이 담겨 있지 않지만 노련한 말재주를 가진 사람들은 숫자에 감정 대신 비범한 역량이 담겼음을 잘 알고 있다. 숫자를 잘 이용하면 생각지도 못한 효과가 발생한다.

판매할 때도 숫자를 이용한 대화는 효과적이다. 대화에서 숫자를 사용하면 전문적인 느낌과 신뢰감을 주기 때문이다. 미국에서 각종 수치를 제공하는 '시장 조사' 회사는 350여 군데나 된다. 게다가 1006곳의 대형 상공업 회사에서는 자체적으로 조사 부서를 마련하고 있다. 영국의 정치학자 벤저민 디즈레일리는 말했다.

"거짓말에는 세 종류가 있다. 단순한 거짓말, 사람을 질리게 하는 거짓말, 그리고 숫자."

그러나 이야기를 할 때 숫자를 사용하면 내용을 더욱 풍부하고 구체적으로 체현할 수 있다. 상세하고 확실한 숫자와 데이터는 당신의 말에 진실성과 설득력을 더해준다. 사람들은 당신의 말이 정확하고 구체적이며 실질적이어야 비로소 흥미를 느낀다. 추상적인 설명만으로는 결코 신뢰를 줄 수 없다.

숫자의 설득력은 매우 놀라울 정도다. 그러므로 상대를 설득하고 싶다면 구체적인 수치를 활용하라. 이야기에 숫자를 사용하면 상대는 당신의 말을 객관적으로 평가하고 정확한 계산 및 분석을 통해 깊이 있게 이해하게 된다.

신속한 거래를 성립시키는 말재주

거래 성립은 판매원의 근본 목적이다. 거래를 달성하지 못하면 아무리 많은 수고와 노력을 들였더라도 판매를 위한 활동은 실패인 셈이다.

같은 제품을 판매하는데 왜 실적은 천차만별일까? 사실, 답은 매우 간단하다. 실적이 좋은 판매원은 거래 성립에 도움 되는 기술을 파악하고 이를 합리적으로 운용하기 때문이다. 단순히 거래를 성립시키고 싶다는 간절한 바람만으로는 부족하다.

다음은 거래 성립을 위한 몇 가지 기술이다.

① 군중을 이용한 거래 성립 방법

이는 군중 심리를 이용한 방법으로, 고객이 신속하게 구매를 결정하도록 촉진한다. 판매 과정에서 만약 고객의 표정이 좋지 않다면 판매원은 고객의 신뢰도를 높이기 위해 가장 간단한 거래 촉진 방법을 써야 한다.

사람의 소비 행위는 개인적 행위이자 사회적 행위이다. 그러므로 한 가지 재화를 구매할 때 개인적 구매 동기의 지배를 받는 동시에 사회적 구매 환경의 제약도 받는다. 군중 심리는 개인 인식의 유한성과 사회적 환경의 압박 때문에 발생한다. 즉, 대다수 사람의 행위를 참고하여 자신의 행위를 결정하므로 당신이 판매하는 제품을 여러 사람이 원한다는 분위기를 조성하여 고객의 사회적 심리를 이용하는 것이다. 구매에 대한 부담을 가진 고객은 이로써 심리적 압박이 경감되어 신속하게 구매를 결정한다.

예컨대 이런 식이다.

"요즘 이 스타일의 냉장고를 구매하는 분이 꽤 많은 편입니다. 매일 평균 오십여 대가 판매되는데, 성수기에는 예약을 하셔야 받아보실 수 있습니다."

군중을 이용한 거래 성립 방법은 판매의 효율성을 높이는 데 유리하고, 대량의 거래를 촉진한다. 또한 고객의 부담감을 경감시키고 특히 새로운 고객의 신뢰를 높일 수 있다.

② 제품 구매의 불확실성을 이용한 거래 성립 방법

손에 넣지 못한 물건을 제일 좋은 것이라고 생각하게 마련이다. 고객이 마지막 순간 구매를 결정하지 못하고 망설이고 있을 때, 제품 구매의 불확실성을 이용한 거래 성립 방법을 이용하면 된다. 고객에게 만약 빨리 결정하지 않으면 구매 기회를 잃을지도 모른다고 이야기하는 것이다.

"손님께서 방금 말씀하신 컴퓨터는 현재 가장 잘 팔리는 모델입니다. 현재 재고가 없을 수도 있으니 전화로 알아보겠습니다."

③ 위기의식을 이용한 거래 성립 방법

이는 고객과 밀접한 관계가 있는 일에 예상치 못한 사태가 발생하면 고객과 주위 사람들에게 악영향을 끼칠 수 있다는 사실을 일깨우는 방법이다. 위기의식을 느낀 고객은 결국 거래 성립을 결정한다. 판매원은 다음과 같이 이야기할 수 있다.

"지난달에 그 지역에서 절도 사건이 세 건이나 발생했다고 하네요! 이러한 불미스런 사건을 방지하기 위해 사장님 댁에도 방범용 도어를 설치하면 어떨까요?"

④ 일화를 이용한 거래 성립 방법

판매원은 고객의 상황과 매우 밀접한 관계가 있는 일화를 통해 흥미와 사고를 유발하고 이로써 최종적으로 거래를 성립시킬 수 있다.

예컨대 일본 보험 업계의 챔피언 시바타 가즈코처럼 이야기할 수도 있겠다.

"한 남자가 해변에서 휴가를 보내고 돌아오는 길에 불행히도 교통사고를 당했어요. 병원에 실려 가 치료를 받는데 혈액을 구할 수가 없었다고 해요. 이때 남자의 아들이 자기 피를 아버지에게 주겠다고 했어요. 약 한 시간쯤 지났을 무렵 아버지가 깨어났는데도 아들은 걱정이 가득한 모습이었지요. 사람들이 아이에게 아버지가 깨어났는데 기쁘지 않느냐고 물었어요. 그러자 아이가 작은 소리로 대답했어요. '저는 언제쯤 죽게 되나요?' 그 아이는 자기 피를 다른 사람에게 주면 자기는 죽는다고 생각했던 거예요. 아이는 아버지에게 피를 주기 전에 이미 자기 생명을 아버지와 맞바꿀 각오를 하고 있었던 거죠. 아버지를 위해 자기 생명을 희생하려는 아이도 있는데 부모가 아이를 위한 보험 드는 일이 그렇게 주저할 일인가요?"

일화를 이용한 거래 성립 방법의 관건은 판매원의 관찰력이다. 판매원은 일상생활에서 다양한 분야에 관심을 갖고 이야깃거리나 뉴스 등을 수집해야 한다.

⑤ 추천으로 고객 결정을 유도하는 거래 성립 방법

이는 주저하며 결정짓지 못하는 고객이 있을 때, 고객이 제품에 가장 흥미를 느끼는 부분을 즉시 포착한 다음 고객의 요구를 만족시키는 방법이다.

"선생님, 만약 내구성을 고려한다면 이 제품이 가장 적합할 것 같습니다. 항공기 제작에 사용되는 재료로 만들어져 내열성도 뛰어나고 쉽게 부식하지도 않습니다. 오늘 오후에 저희가 댁에 사람을 보내려고 하는데요, 괜찮으시겠지요?"

⑥ 기한 임박을 이용한 거래 성립 방법

고객에게 특별한 혜택을 받을 수 있는 기간이 임박했다고 사전에 명확히 고지한 다음, 그 기한 내에 제품을 구입했을 때의 혜택을 설명하는 방법이다. 동시에 혜택 기간 종료 후 동일한 제품을 구매했을 경우의 불리한 내용도 이야기해야 한다.

"고객님, 오늘이 혜택을 받으실 수 있는 마지막 날입니다. 오늘이 지나면 가격이 삼분의 일이나 비싸집니다. 구매를 원하신다면 지금 말씀 주세요."

심리전술을 이용하면 고객의 마음을 사로잡을 수 있다

판매는 마음의 상호작용을 일으켜야 성립한다. 판매 실적을 높이고 싶다면 판매의 심리학을 어느 정도 파악해야만 한다. 그래야 재빠르게 고객 마음을 공략하고 고객과 소통할 수 있다. 이렇게 할 때 고객은 기꺼이 당신의 생각, 의견, 제안과 요구를 받아들인다.

① 암시를 사용하라.

판매 과정에서 암시를 사용하면 고객의 직접적인 거절을 피할 수 있다. 이는 판매 과정에서 공격과 수비에 모두 적용 가능한 최선의 전략이다. 이를 통해 고객과 양호한 관계를 구축할 수 있을 뿐만 아니라 판매 과정은 더욱 신속하게 이루어진다. 심리적 암시는 고객의 기존 관념과 인식을 변화시켜 구매에 대한 신뢰도를 상승시키므로 신속한 거래를 보장한다.

판매원은 판매 시작 단계에서 충분한 준비를 할 필요가 있다. 고객에게 의식적이고 긍정적인 암시를 주어 처음부터 고객을 당신의 '책략'에 빠뜨려야 한다.

암시는 효과적인 판매 수단의 일종이다. 거래를 시작하는 단계에서 암시를 운용하면 고객은 더욱 적극적인 구매 심리를 갖게 된다. 나아가 거래가 성립될 때까지 매우 열성적으로 당신과 의견을 나눌 것이다. 이는 소소한 기술이지만 고객에게 깊은 인상을 남길 수 있고 놀랄 만큼의 효과를 불러온다. 고객의 구매 욕구를 유발하는 암시를 사용할 줄 모르는 판매원은 훌륭한 판매원이라고 할 수 없다.

② 감정의 착안점을 찾아라.

판매 활동은 사람과 사람 사이의 왕래이고, 사람은 감정을 가진 동물이다. 미국의 판매왕 조 간돌프는 말했다.

"판매 업무의 구십팔 퍼센트는 감정 업무이고, 나머지 이 퍼센트는 제품에 대한 이해이다."

또한 조 지라드는 말했다.

"당신이 진심으로 고객을 사랑하면 고객도 당신을 진정으로 사랑하고, 당신이 판매하는 물건을 사랑하게 될 것이다."

그러므로 판매원은 제품 판매 과정에서 감정이라는 유리한 요소를 충분히 이용해야 한다. 이를 잘만 운용하면 서로의 심리적 거리를 줄이고 순조롭게 제품을 판매할 수 있다.

인간의 다양한 욕구는 모두 감정과 밀접한 관련이 있다. 판매원의 판매전략은 고객의 요구에 부합해 긍정적인 감정을 일으켜야 한다. 또한 고객이 구매를 순조롭게 진행할 수 있도록 촉진해야 한다.

어떤 각도에서 보면 판매는 감정적 업무라 할 수 있다. 판매의 중점은 바로 제품에 생명력을 불어넣어 제품과 고객이 감정적 관계를 수립하게 하고 나아가 고객이 제품을 사랑하게 만드는 것에 있다. 그러므로 감정은 판매 과정의 촉진제라 할 수 있다. 고객이 제품에 만족하려면 판매원은 끊임없이 고객에게 세심한 관심을 가져야 한다.

③ 적절한 응대로 관심을 표현하라.

판매원은 판매 과정에서 관심받고 싶어 하는 고객의 심리를 인식하고, 소통을 통해 고객에 대한 관심과 친절을 적절히 드러내야 한다.《위대한 상인의 비밀》이라는 책에서는 말한다.

'나는 모든 사람을 사랑한다. 미움은 나의 핏줄에서 완전히 사라졌다. 나에게는 미워할 시간이 없다. 오로지 사랑할 시간만 있을 뿐이다. 지금 나는 우수한 사람이 되기 위한 첫걸음을 떼고 있다. 사랑이 있으면 나는 위대한 판매원이 될 수 있다. 설령 재능도 없고 학력이 모자라도 사랑하는 마음만 있으면 성공할 수 있다. 반대로 사랑이 없으면 제아무리 박학다식하더라도 결국 실패한다.'

판매의 성공은 기술에만 달려 있는 것이 아니다. 때로는 사람을 사랑하는 마음 하나만으로도 족하다.

고객을 진심으로 대해 당신의 관심을 느끼게 만들면 그 사람은 당신의 고객이 된다. 뛰어난 판매원은 천성적으로 타인에게 관심을 가지고 즐겁게 만들기 위해 노력한다. 고객 혹은 잠재적 고객이 사랑과 존중이 담긴 당신의 진심을 느낀다면 판매 업무는 모두 순조롭게 풀릴 것이다.

고객이 흥미를 느끼는 주제를
이야기하라

제품을 판매할 때, 고객의 마음을 움직일 가장 좋은 방법은 무엇일까? 그것은 바로 고객이 흥미를 느끼는 주제를 이야기하는 것이다. 그러면 상대는 당신이 마음을 잘 이해하는 사람이라 생각하고 호감을 느낀다.

카네기는 다음과 같이 기술했다.

'우리는 상대에게 진심으로 흥미를 느껴야 한다. 상대의 이야기를 경청하고, 상대가 흥미를 느끼는 주제로 대화를 나누고, 상대가 자기 자신에 대해 이야기하도록 격려해야 한다.'

상대에게 진심으로 흥미를 느끼면 자연히 그의 일거수일투족에 주목하게 된다. 그러면 그 사람의 모든 사소한 부분이 대화를 나눌 수 있는 착안점이 된다.

상대가 흥미를 느끼는 주제를 이야기하는 것은 대화술의 일종이다. 이를 통해 상대와의 공통 화제를 찾고, 나아가 앞으로 이야기할 포석을 깔 수 있다. 공통적인 화제가 있으면 당신은 상대를 적절한 시기에 칭찬하고 효과적인 대화를 나눌 수 있다.

프랑스의 기업가 라파예트는 업무 확장을 위해 뉴델리를 방문했다. 그는 인도의 장군 라르와 비행기 사업에 관한 이야기를 나눌 계획이었다. 그는 라르와 약속을 잡기 위해 몇 차례나 전화를 걸었지만 응답이 없었다. 그러나 그는 포기하지 않았다. 결국 라르와 연락이 닿았지만 라파예트는 비행기 사업에 대해서는 한마디도 하지 않기로 했다.

라파예트와 만났을 때 라르가 악수를 청하며 말했다.

"안녕하십니까, 라파예트 씨!"

라파예트는 라르의 표정과 태도를 보고 그가 될 수 있는 한 자신을 빨리 돌려보내려 한다는 사실을 눈치챘다. 이제 라파예트는 대화 초반에 라르의 흥미를 불러일으켜야 했다. 그러지 않으면 대화는 진행되지 않을 터였다. 라파예트는 진심을 담아 말을 꺼냈다.

"장군님, 안녕하십니까? 저는 장군님께 진심으로 감사를 드려야 마땅합니다."

예상대로 이 말은 라르의 주의를 끌었다. 라파예트는 계속 이야기했다.

"장군님 덕분에 저는 행운의 기회를 얻었습니다. 공교롭게도 생일에 고향에 돌아올 수 있게 된 것입니다."

"인도에서 태어났습니까?"

"그렇습니다! 콜카타에서 태어났지요. 아버지는 프랑스 에르셀 회사의 인도 주재 대표였습니다. 인도 사람들은 항상 친절하게 손님을 대하지요. 저희 가족은 인도에서 매우 행복하게 살았습니다. 세 살 때 한 인도인 할머니가 저에게 매우 귀여운 장난감 곰을 주셨는데, 저는 인도인 친구와 함께 그것을 가지고 놀았습니다. 그때가 평생 가장 행복했던 날입니다."

라파예트의 이야기에 라르는 확연히 호감을 느꼈다. 라파예트는 서류가방에서 낡고 바랜 사진을 꺼내 장군에게 건네주었다. 비록 낡은 사진이었지만 장군은 단번에 사진 속 인물을 알 수 있었다.

"이분은 간디 선생 아닙니까?"

"그렇습니다. 간디 선생 옆에 있는 소년이 바로 접니다. 당시 저는 부모님과 함께 프랑스로 돌아가는 길이었는데 운 좋게도 간디 선생과 같은 배를 탔습니다. 이 사진은 그때 배에서 찍은 사진이지요. 아버지는 이 사진을 줄곧 소중하게 보관해왔습니다. 이번에 저는 간디 선생의 묘에 참배를 가려 합니다."

라르가 매우 기뻐하며 말했다.

"간디 선생과 인도 사람들에 대한 당신의 진심에 정말로 감사드립니다."

라파예트가 작별 인사를 고할 때 이미 비행기 사업은 정해진 뒤였다.

일반적 상황에서 사람들은 자신이 흥미를 느끼는 화제를 접하면 대화에 큰 관심을 보인다. 반면 흥미를 전혀 느끼지 못하는 화제를 접하면 상대가 아무리 열정적인 태도를 보여도 피곤할 뿐이다.

상대의 긍정적인 대답을 듣고 싶다면 상대의 마음을 움직여야 한다. 상대의 기분에 맞춰 그가 흥미를 느끼는 이야기를 해야 한다. 이는 우리가 타인을 이해하는 데 반드시 선결해야 할 문제다.

상대를 이해하는 주요 포인트는 상대가 지향하는 가치와

흥미를 이해하는 것이다. 즉, 상대가 무엇에 관심을 가지며 흥미를 느끼는지 이해해야 한다. 누군가에게는 매우 중요한 일이 다른 사람에게는 사소한 일일 수 있고, 심지어 언급할 가치조차 없는 일일 수 있다. 상대가 흥미를 느끼는 포인트를 이해하지 못하고 자기 말만 해댄다면 절대 상대의 주의를 끌지 못하고 효과적으로 소통할 수 없다. 상대가 중시하는 일을 마찬가지로 중시해야 하는데, 이는 상대의 흥미에 대한 관심과 이해에서 비롯된다.

고객의 흥미와 기호를 파악하면 거래를 성공적으로 이끌 수 있다. 즉, 상대가 흥미를 느끼는 일을 화제로 삼아 당신이 상대를 중요하게 생각하고 있다는 느낌을 주는 것이다. 상대의 자존심이 만족되면 대부분의 일은 순조롭게 해결된다.

옛 사람은 '견해가 다른 사람 사이에는 반 마디 말도 많다'고 했다. 그러나 상대의 흥미를 포착하고 기분을 맞춰주면 결코 '반 마디 말도 많은 상황'은 벌어지지 않는다. 오히려 수천 마디 말로도 부족할 정도다. 이야기를 나눌수록 더욱 의기투합하게 되고 사이가 좋아진다. 고객과의 소통 비결은 바로 고객이 흥미를 느끼는 일을 이야기하는 것이다. 사람들은 저마다 흥미와 기호를 가지고 있게 마련이다. 따라서 우선 상대의 흥미를 찾아 이를 돌파구로 삼으면 당신의 말은 반드시 상대의 마음에 닿을 것이다.

말
재
주

Chapter 6
절묘한 말로
협상에서
주도적인 위치를
차지하라

사전 준비로
협상의 주도권을
장악하라

협상은 지혜, 전략, 기술을 겨루는 시합이다. 협상자는 상대에 대한 충분한 이해가 뒷받침되어야만 고도의 협상전략을 발휘할 수 있다. 협상자는 적시에, 정확하게, 전면적인 정보를 파악하고 상대의 속내를 분명히 분석해야 복잡한 협상 테이블에서 주도권을 잡을 수 있다. 그러므로 협상 전 상대의 다양한 정보를 수집해 그 속내를 파악해야 한다. 사전 정보 수집을 통해 협상에서의 주도권을 쟁취해야 하는 것이다.

협상은 복잡한 과정이며 때로는 고통스럽기까지 하다. 협상에서는 쌍방이 협상 주제와 관련된 자료를 바탕으로 최대한 다양한 전략과 협상 기술을 운용해야 한다. 때로는 수차례의 공방이 오가고 나서야 비로소 서로 만족할 만한 협의에 이르기도 한다. 협상의 목적을 달성하고 자기 측 이익을 실현하기 위해 협상자는 사전에 충분한 조사와 분석으로 유리한 자료와 요소를 준비해야 한다.

한 금속제련 회사가 미국의 선진 기술을 도입한 조립식 용광로를 구입하기 위해 고급 엔지니어를 협상장에 내보냈다. 엔지니어는 제련과 관련된 용광로의 자료를 조사하고 조립식 용광로의 국제 시세 및 미국 회사의 연혁, 현황, 경영 상황 등을 꼼꼼히 파악했다.

협상이 시작되자 미국 회사 측은 단번에 150만 달러를 요구했다. 그러나 엔지니어가 각국의 거래 성립 단가를 열거하자 미국 회사 측은 아연실색했다. 결국 조립식 용광로는 80만 달러에 거래 체결되었다.

모든 일은 미리 준비하면 성공하고 그러지 않으면 실패하게 마련이다. 협상 시 유리한 위치를 선점하려면 상대의 과거 협상 사례와 스타일, 협상전략, 협상에 임하는 개개인의 기호 등 다양한 정보를 수집해 상대의 특성을 분명히 파악해야 한다. 또한 상대의 말과 안색을 살펴서 적시에 각종 정보, 표정, 동작, 심리 등을 포착해야 한다. 일반적인 상황에서 협상자가 파악하고 있는 정보가 풍부할수록 협상의 주도권을 쥐는 데 유리하다.

또한 정보를 수집하고 활용할 장소와 형식에 주의해야 한다. 수집한 상대의 정보가 반드시 정식 협상 테이블에서 사용되리라는 보장은 없다. 뛰어난 협상자는 특수한 상황 혹은 상대가 별 뜻 없이 던진 말에서 유효한 정보를 발견한다. 예컨대 사적인 연회나 모임 등 상대의 정보를 수집할 수 있는 루트를 파악하는 것이다.

또한 협상 중에 보이는 상대의 행동에서도 중요한 정보를 얻을 수 있다. 예컨대 상대가 두 손을 꽉 쥐고 있으면 이는 그가 심적으로 긴장하고 있으며 결단을 내리기 어려운 상황임을 의미한다. 허리를 똑

바로 편 채 배를 내민 자세는 자신 있다는 뜻이다. 양손을 펼치는 행동은 진실함 혹은 기분이 비교적 홀가분함을 나타낸다. 등을 움츠리는 행동은 피로나 실망을, 가볍고 짧은 악수는 상대에 대한 무관심을 의미한다.

정보의 수집 형식은 단일하고 직접적인 방식에 얽매여서는 안 된다. 도서관 자료 검색을 통해 공개적으로 발표된 정기 간행물, 인터넷, 매체 등으로부터 상대의 정보를 수집할 수 있다. 또한 모임이나 상대의 주요 경쟁자 및 제삼자 등 비공식적인 루트를 통해서도 가능하다. 어떤 방식을 사용하든 사전에 상대의 자료와 정보를 완벽하게 수집하면 협상에 성공할 수 있다.

질문을 통해
상대의 진정한 의도를
알아보라

　협상 중 상대의 마음을 신속히 이해하고, 순간적으로 협상 의도를 파악하려면 정곡을 찌르는 질문을 해야 한다. 질문은 말을 아끼면서 정보를 파악할 효과적인 방법이다. 질문을 통해 우리는 상대가 주시하는 문제를 유도하고 순조로운 협상을 촉진할 수 있으며, 필요한 정보를 얻고 상대의 속마음을 분명히 파악할 수 있다. 또한 상대의 사고를 촉진하고 방향을 제어해 상대가 문제의 결론을 내도록 유도하면 성공적인 협상에 이를 수 있다.

　협상에서 질문은 상대의 사고를 유도하므로 더욱 효과적으로 목적을 달성할 수 있다. 다만 적절한 질문을 하려면 시기, 장소, 환경 등에 주의하고 기본 상식을 이해해야 한다.

① 사전 준비를 철저히 하라.

　협상 전, 상대가 즉시 적절한 대답을 생각해내지 못할 질문을 몇 가지 마련하라. 이는 의외로 좋은 효과를 얻을 수 있다. 또한 사전에 상대의 반문에 대비하는 편이 좋다.

경험 많은 협상자는 우선 일반적이고 비교적 대답하기 쉬운 문제를 제시한다. 이러한 문제는 바로 이어서 언급해야 할 중요한 문제의 서곡이다. 상대가 긴장을 늦추고 있을 때 갑자기 중요한 문제를 꺼내면 상대를 속수무책으로 만들어 예기치 못한 효과를 얻을 수 있다. 상대는 중요하지 않은 문제에 대답하면서 진실한 생각을 드러낼 가능성이 있다. 이때 갑자기 중요한 질문을 하면 상대는 앞선 문제에 대답하던 대로 본인의 생각을 있는 그대로 드러낼 것이고, 이는 당신에게 유리한 대답일 수도 있다.

② 우선 경청하고 나중에 질문하라.

상대가 발언하는 동안 의문이 생기더라도 절대 상대의 이야기를 끊고 문제를 제기해서는 안 된다. 궁금한 점을 기록해두었다가 상대의 이야기가 끝났을 때 질문하는 편이 좋다. 마찬가지로 상대의 말을 경청하는 중에 즉시 반문하고 싶을 때도 있다. 그러나 성급히 자신의 견해를 제시해서는 안 된다. 이는 상대의 나머지 이야기를 경청하는데 지장을 줄 뿐만 아니라 자신의 의도를 적나라하게 드러내는 셈이다. 상대가 말할 내용을 즉흥적으로 바꿀 가능성이 있으며 이로써 당신은 원래 듣고 싶었던 정보를 놓치게 될지도 모른다.

③ 상대를 난처하게 만드는 질문은 피하라.

상대가 물러날 수 없는 난처한 질문을 해서는 안 된다. 이러한 질문은 협상에 확실히 지장을 주며 형세에도 악영향을 끼친다. 질문할 때는 자기 자신뿐만 아니라 상대의 퇴로를 고려해 적절한 시기와 정도를 지켜야 한다.

④ 유리한 시기를 기다렸다가 추궁하라.

만약 상대의 대답이 완벽하지 않다면, 심지어 답변을 회피한다면 강제로 추궁하지 말고 인내심과 끈기를 가지고 당신에게 유리한 시기가 될 때까지 기다려라. 이로써 당신이 상대를 존중하고 있음을 드러낼 수 있다. 당신의 질문에 대한 대답은 상대의 의무이자 책임이므로 상대는 답변을 회피할 수 없다.

⑤ 이미 답이 정해진 문제를 제기하라.

모두가 답을 이미 알고 있는 질문을 적절한 때 제시해 상대의 성실한 태도를 검증하라. 이러한 질문은 상대에게 당신 측이 모든 교역의 시세를 이해하고 있으며 상대의 정보를 충분히 파악하고 있다는 암시를 준다. 이는 한 발 더 나아간 협상을 진행하는 데 도움 된다.

⑥ 적절한 선에서 질문을 멈춘다.

마치 법관처럼 상대를 심문하며 끊임없이 문제를 제기해서는 안 된다. 이는 협상 상대가 방어 심리를 펼치게 만든다. 쌍방의 협상은 서로의 문제에 대해 협의하며 온화하고 평온한 분위기에서 진행되어야 한다. 계속되는 질문은 상대를 질리게 해 제대로 된 답변을 얻을 수 없다. 만약 상대의 답변이 너무 모호하거나 동문서답을 하더라도 연이은 질문은 피해야 한다.

⑦ 인내심을 가지고 대답을 기다려라.

질문 제시 후에는 우선 입을 다물고 상대의 답변에 집중해야 한다. 만약 상대가 답변하지 못하고 침묵을 지킨다면 이는 상대에게 무형의 압박으로 작용한다. 이때 인내심을 가지고 침묵을 유지해야 한다. 질문한 것은 당신 측이므로 침묵을 깨뜨릴 책임은 상대에게 있다.

⑧ 성실한 태도를 보여라.

만약 당신이 제기한 질문에 상대가 흥미를 느끼지 못하거나 신중하게 답하지 않는다면 당신은 성실한 태도로 상대의 대답을 유도해야 한다. 당신의 성실한 태도를 느끼면 상대는 기꺼이 질문에 대답할 것인데, 이는 쌍방의 감정 소통과 순조로운 협상에 모두 유리하다.

⑨ 질문은 간결해야 한다.

협상 과정에서 제기하는 문제는 간결할수록 좋고, 가능한 한 긴 답변을 유도할 수 있어야 한다. 질문이 상대의 답변보다 길면 피동적 입장에 놓이게 되고 질문의 효과를 얻을 수 없다.

질문 제시는 매우 유력한 협상 도구다. 그러므로 반드시 신중하고 명확한 질문을 던져야 한다. 적절한 질문은 토론 혹은 변론의 방향을 결정하고 협상 결과를 유리한 방향으로 인도한다.

시기적절한 침묵은
말을 이긴다

협상에서는 침묵 또한 기교다. 모든 협상은 실질적인 효과를 얻어내고 제한된 시간에 각자의 문제를 해결해야 한다. 때로 말재주가 뛰어난 상대는 절대적 우세를 점하며 당신을 압박하지만 협상이 끝난 후 상대는 자신이 얻은 것이 별로 없다는 사실을 발견하는 경우가 있다. 뛰어난 언변으로 상황을 제어하는 것처럼 보이지만 실질적 이익은 없는 실망스런 결과를 맞이하는 것이다. 반대로 시의적절한 침묵은 대부분 말을 이기는 효과가 있다.

협상은 양방향의 교섭 활동이다. 양측은 상대의 반응을 열심히 살피면서 언제든지 기존 의견을 조정할 준비를 한다. 이때 당신이 태도를 분명히 드러내지 않고 침묵으로 일관한다면 상대는 당신의 속마음을 짐작할 수 없다. 게다가 당신이 다각도에서 상대의 무성 및 유성 언어를 이해하면 분명 유리한 승낙을 받아낼 수 있을 것이다.

협상에서 쌍방은 관건이 되는 문제 혹은 논쟁의 여지가 있는 문제에 대해 상대의 신속한 입장 표명을 요구한다. 이때 한마디도 하지 않거나 문제를 회피하면 상대의 심리를 교란시킬 수 있다. 상대가 진실한 의도를 드러내도록 유도한 다음 신속히 공세를 취해 상대의 협상 태도를 변화시키는 것, 이것이 바로 침묵전략이다.

토머스 에디슨이 발신기를 발명했을 때의 일이다. 그는 발신기를 과연 얼마에 판매해야 할지 알 수 없었다. 아내가 말했다.

"이만 달러에 팔아요."

"이만 달러? 너무 비싼 거 아니오?"

"내가 보기에는 분명 이만 달러의 가치가 있어요. 아니면 발신기를 팔 때 우선 상대를 슬쩍 떠봐서 그쪽이 먼저 가격을 제시하게 만들어요."

이윽고 에디슨은 한 사업가와 발신기 기술 매매를 협상하게 되었고, 사업가는 가격을 물었다. 에디슨은 줄곧 2만 달러는 너무 비싸다고 생각했기 때문에 차마 말을 꺼내지 못하고 침묵했다. 이윽고 사업가가 말했다.

"그럼 제가 가격을 제시하지요. 십만 달러, 어떻습니까?"

예상을 훨씬 뛰어넘는 가격에 에디슨은 당장 거래를 결정했다. 이는 에디슨 자신도 모르게 침묵이라는 기묘한 협상 효과를 본 것이다.

협상에서 상대의 속마음을 알 수 없을 때, 침묵을 적절히 사용하면 상대는 심리적 압박을 느낀다. 또한 침묵은 당신 측에도 변화의 여지와 상황을 살펴볼 기회를 주기 때문에 협상의 목적을 수월히 달성할 수 있다.

사실 협상은 차분하고 조리 있는 말만으로는 승리할 수 없다. 때로는 침묵이 가장 유효한 반격일 수도 있다. 제아무리 큰소리치는 상대라도 침묵을 유지하면 최대 두세 번 만에 상대의 기를 꺾을 수 있다. 그 순간 다시 주도적인 공격을 개시하면 전세가 역전된다. 이는 상당히 효과적인 방법이다.

협상에서 우리는 때로 강한 공세를 취해 들어오는 상대를 만난다. 이러한 상대에게 '침묵'은 종종 매우 효과적으로 작용한다. 공격적인 상대를 침묵으로 대응할 때는 태도에 주의해야 한다. 상대가 열정적으로 이야기하는데 당신이 뚱한 태도를 보인다면 이는 예의에 어긋나기 때문이다.

상대의 질문에
가볍게 대답하라

협상은 기본적으로 일련의 질문과 답변으로 구성되어 있다. 질문이 있으면 답변이 있게 마련이고, 질문에는 나름의 기술이 있으며 답변에도 나름의 기교가 필요하다. 만약 상대의 질문에 적절히 답변하지 못하면 약점을 잡히거나 피동적 상황에 처할 가능성이 있다.

링컨과 유명한 감리교 복음전도자 피터 카트라이트는 미 연방 하원의원 선거에서 맞붙었다. 두 사람이 현지 교회에서 예배를 드리고 있던 중 카트라이트는 설교를 틈타 링컨에게 도발했다.

"여러분, 천국에 가고 싶은 사람은 자리에서 일어서주십시오!"

자리에 있던 사람들은 모두 일어섰고 오로지 링컨만이 앉아 있었다. 이내 카트라이트가 말했다.

"지옥에 가고 싶지 않은 사람은 자리에서 일어서주십시오."

자리에 있던 사람들은 또 일제히 일어났지만 링컨은 여전히 꿈쩍하지 않았다. 링컨을 비웃어줄 기회가 왔다고 생각한 카트라이트는 큰 소리로 말했다.

"링컨 선생, 당신은 도대체 어디에 가고 싶은 겁니까?"

그러자 링컨은 침착하게 대답했다.

"카트라이트 선생, 전 오늘 발언할 예정이 아니었지만 당신의 질문에 대답은 해야 할 것 같군요. 저는 국회에 가고 싶습니다."

그 자리에 있던 사람들은 모두 웃음을 터뜨렸다.

링컨은 카트라이트의 올가미에 걸려들지 않고 '국회에 가고 싶다'는 대답으로 천국과 지옥이라는 전제를 회피했다. 이에 곤경에서 벗어나는 한편 모두에게 자신의 의지를 표명할 수 있었다. 그는 재치 있는 답변으로 경선에서 주도권을 잡았고 결국 성공했다.

협상에서는 더 많은 이익과 주도권을 얻기 위해 상대가 일시적으로 대답하기 힘든 까다로운 질문을 제시하게 마련이다. 이를 통해 상대를 궁지로 몰아넣어 상황을 자신한테 유리하게 이끌려는 것이다. 협상에서 상대의 질문에 민첩하게 대답하면서도 자신의 이익을 지키고 싶다면 반드시 장악할 필요가 있는 기술이 있다.

협상 과정에서 협상자는 다음과 같은 원칙을 따라야 한다.

① 먼저 생각하라.

협상 과정에서 답변을 요구하는 질문은 상대에게 일정한 압력을 가한다. 그러므로 답변하기 전 먼저 생각할 시간을 가져야 한다. 답변은 속도가 아닌 내용이 중요하다. 특히 중요한 권리를 언급하는 질문에는 반드시 여러 번 생각한 후 대답해야 한다. 이때는 물을 마시거나 자세를 고치거나 테이블 위의 자료를 정리하며 노트를 훑어보는 등의 동작을 통해 시간을 끌면서 생각한 다음 대답해도 무방하다.

② 임의로 대답해서는 안 된다.

협상 테이블에서 오가는 질문은 동기도 복잡하고 목적도 다양하다. 종종 질문의 동기를 이해하지 못하고 틀에 박힌 대답을 하는 사람이 있는데, 그러면 오히려 손해를 불러올 수 있다. 답변자는 상대의 의도를 정확히 판단해서 현명하게 답변해야 한다. 이때 독창적이고 창의력이 풍부한 답변이어야 한다.

③ 대답하지 말아야 할 질문에는 끝까지 침묵하라.

협상에서 명확하고 전면적인 대답은 어리석은 것이다. 대답할 때는 말해도 되는 것과 안 되는 것을 구분해야 한다. 어떤 질문에 필요 이상으로 완벽하게 답한다는 것은 상대에게 자신의 의도를 적나라하게 드러내며 협상의 주도권을 내주는 꼴이다.

④ 질문으로 답을 대신한다.

이는 일시적으로 답변하기 곤란하거나 적절한 답변이 생각나지 않을 때의 대처방식이다. 상대의 서브를 받아쳐서 스스로 생각하고 답을 찾게 만드는 것으로, 대답하기 곤란한 문제에 매우 효과적이다.

예컨대 한 음악가가 사형이 집행되기 전에 바이올린을 연주한다고 치자. 간수가 물었다.

"내일이면 죽을 텐데 바이올린은 켜서 뭐 하나?"

음악가가 대답했다.

"내일 죽을 텐데 오늘 켜지 않으면 언제 켠단 말이오?"

질문으로 답을 대신하면 질문자는 깊은 생각을 하게 된다.

⑤ 근거 없는 말로 대답한다.

때로는 전혀 예상하지 못한 질문이 나올 수 있다. 이럴 때는 "그러한 문제에 대해 조사해본 적이 없지만, 전에 들은 말로는……" 혹은 "좋은 질문을 주셨군요. 그 질문에 대해 어느 자료에서 보았는지 기억이 나지는 않지만 아마도……"와 같이 책임을 회피하는 답변을 하면 좋다. 이러한 답변은 고의로 상대의 질문을 어물쩍 넘기려는 성격을 띠지만 확실한 긍정도 아니고 근거가 없는 말이기 때문에 책임을 피할 수 있다. 이러한 답변 방법은 허영심을 만족시키려는 질문자 혹은 질문의 목적이나 목표가 불분명한 질문자에게 종종 좋은 효과를 볼 수 있다.

⑥ 상대를 안심시키는 말로 대답한다.

이는 모두가 인정하는 복잡한 문제 혹은 단시간에 확실하게 대답할 수 없는 질문의 경우, 혹은 전문성이 강해서 비전문가가 명료하게 대답하기 어려운 경우 사용하는 방식이다. 우선 제기된 질문의 중요성과 정확성 및 시의적절함을 긍정하고 칭찬한 다음 화제를 돌려 질문의 복잡성과 즉시 대답하기 어려운 점을 합리적으로 강조하는 것이다. 혹은 답변 후 전문적인 토론을 진행할 시간을 따로 마련할 수

도 있다. 이를 통해 질문자를 포함한 참석자의 이해와 공감을 얻을
수 있다.

⑦ 명확한 답변을 하지 않는다.

즉, 답변에 일정한 여지를 남겨두는 것이다. 답변 시 성급히 당신
의 실력을 드러낼 필요는 없다. 우선 일반적이고 비슷한 상황에 대해
설명한 다음 다시 본론으로 돌아가거나 반문 형식으로 화제의 중점
을 전환시키면 된다. 예컨대 "맞습니다. 그렇게 질문하실 줄 알았습
니다. 저는 당신이 만족할 답변을 드릴 수 있습니다. 그러나 답변하
기에 앞서 먼저 한 가지 질문을 허용해주시겠습니까?" 하는 식이다.
상대가 만족하지 못했다면 "어쩌면 당신의 생각이 옳을지도 모르지
만 그렇게 생각하시는 이유는 무엇입니까?", "그렇다면 당신은 어떻
게 해석하기를 원하십니까?" 하는 식으로 말해도 된다.

화제를 전환해
교착 상태를 타파하라

쌍방의 이익 기대 차이가 비교적 큰 경우 교착 상태가 발생한다. 양측이 모두 양보하지 않으면 일시적으로 서로의 갈등을 해결하지 못하는 국면이 형성되고 첨예하게 대치하며 협상을 진행하지도 물리지도 못하는 상황에 빠지는 것이다.

쌍방의 관점과 입장은 끊임없이 대립하게 마련이다. 이익 충돌을 조절하려면 창조적 제안이 나와야 있다. 물론 이때의 제안은 반드시 자기 측 이익을 효과적으로 보호할 수 있어야 하며 상대의 이익도 고려해야 한다. 그리고 교착 상태를 타파한 사람은 협상의 주도권을 쥐게 된다.

중국의 한 유리 공장과 미국의 한 유리 회사가 설비 도입 문제로 협상을 진행하게 되었다. 설비를 전체적으로 도입할지 아니면 부분적으로 도입할지로 협상은 교착 상태에 빠졌다. 쌍방 대표는 한 치도 물러서지 않았다. 중국 측 대표는 미소 띤 얼굴로 부드럽게 입을 열었다.

"우리 공장이 보유한 외환에는 한계가 있기 때문에 설비를 다량으로 구입할 수는 없습니다. 잘 아시겠지만 프랑스, 일본, 벨기에가 현재 우리와 기술 협력을 하고 있습니다. 만약 우리와 협의하지 못해 최첨단 설비와 기술을 투입하지 못하게 된다면 여러분은 중국의 광대한 시장을 잃게 될 것입니다."

교착 상태는 즉시 완화되었고 결국 쌍방은 협의를 달성했다.

쌍방이 제시한 조건에 큰 차이가 있고 타협이나 양보가 허용되지 않는 경우, 화제 전환이 필요하다. 위 예시에서 '전체 도입 혹은 부분적 도입'이라는 화제 대신 '협력의 장점'을 화제로 전환시킨 것처럼 말이다.

화제 전환이란 협상의 목표를 고수하면서도 분위기를 누그러뜨려서 새로운 협상 분위기를 조성해 문제를 의논하는 것이다. 이는 쌍방의 협상 달성을 촉진한다.

협상에서 상대가 의견을 굽히지 않을 때, 쌍방의 관점에 큰 차이가 있을 때, 특히 상대가 계속 강경한 태도로 반대 의견을 제시해 난처한 교착 상태에 빠졌다면 화제를 전환하는 방법을 사용해보라. 그러면 상대의 주의력을 전환시킬 수 있고 난감한 분위기에서 벗어날 수 있다. 이는 특히 당신이 상대를 완전하게 신뢰할 수 없는 상황에서 유용하다.

결국 협상에서 가장 금기해야 할 사항은 사소한 문제 때문에 진퇴양난에 빠지는 것이다. 이러한 상황이 발생하는 대부분의 이유는 상대가 편견의 영향을 받기 때문이다. 이러한 협상 상대를 만났을 때는 과감한 결단으로 화제를 전환하여 상대의 선입견을 깨줘야 한다. 이를 통해 상대의 방어 심리를 해제하고 성공적인 협상을 촉진시켜야 한다.

쉽게
일방적으로
양보하지 마라

양보는 협상에서 양측 혹은 여러 측이 서로의 이익을 고집할 때 협상의 성공을 촉진시키기 위해 한 측 혹은 여러 측이 주도적으로 부분적인 이익을 포기하는 것을 의미한다.

협상은 쌍방의 끊임없는 양보를 통해 최종적으로 가치를 교환하는 과정이다. 즉, 협상의 본질은 교환이라고 할 수 있다. 협상자는 자신이 원하는 결과를 손에 넣어야 할 뿐만 아니라 상대 측도 원하는 것을 얻을 수 있게 해야 하므로 협상에서는 양보가 자주 발생한다. 성공적인 양보전략은 부분적인 이익을 희생함으로써 전체적인 이익을 얻게 하고, 때로는 생각지도 못한 큰 이익을 가져다주기도 한다. 그러나 경솔한 양보와 사소한 일에 대한 고집은 협상에서 취해서는 안 될 행동이다.

"기계 한 대에 칠백오십 위안이라니요? 우리는 방금 같은 기계의 표준가가 육백팔십 위안인 것을 확인했는데요!"

"정말로 구입을 원한다면 육백팔십 위안에 드리겠습니다."

"총 서른다섯 대를 구입한다 해도 그 가격입니까?"

"아, 그렇다면 한 대당 육십 위안을 할인해드릴 수 있습니다."

"자금 사정 때문에 먼저 스무 대를 구매하고 삼 개월 후에 열다섯 대를 구입해도 괜찮습니까?"

판매자는 잠시 주저했다. 만약 20대만 구입한다면 60위안이나 할인을 해줄 수는 없기 때문이다. 그러나 최근 몇 주 동안 판매 상황이 좋지 않았기에 결국 수락했다.

"육백이십 위안에 기계 스무 대를 판매하시겠다는 거죠?"

구매자가 못을 박듯 묻자 판매자는 고개를 끄덕였다.

"그런데 육백이십 위안은 좀 애매하지 않습니까? 아예 육백 위안으로 합시다. 계산도 수월하고 깔끔하게 말이죠. 그럼 즉시 거래를 시작하시죠."

판매자는 반박하고 싶었지만 '거래 성립'이라는 매력에 이끌려 승낙할 수밖에 없었다.

협상은 타협의 과정이고 양보 없이는 성공할 수 없다. 그러나 원칙 없이 계속되는 양보는 당신을 곤경에 처하게 할 것이다. 위의 판매자가 바로 그러한 예다. 양보에는 원칙과 규칙이 있어야 하고 상대의 양보에 담긴 의도와 기교를 재빨리 파악해야 한다. 그러지 않으면 상대가 이미 정해놓은 목표와 한계를 승낙할 수밖에 없다.

성공적인 협상은 준비, 개시, 전개, 평가 조정을 거쳐 협의를 달성하는 다양한 단계로 이루어진다. 당신이 일방적으로 양보만 한다면 상대는 또 다른 양보를 얻어내기 위해 갖은 압력을 가할 것이다. 이는 최종적 협의 달성에 불리하고 심지어 협상 지연 혹은 결렬을 야기한다. 즉, 성공적인 협상을 위해서는 일방적인 양보를 삼가야 한다.

어떤 의미에서 볼 때 협상에서의 양보는 상대적이고 또한 조건과 한계가 있다. 한번 생각해보자. 그 누가 무조건적이고 제한 없는 양보를 하겠는가? 양보의 배후에는 반드시 명확한 목적이 있다. 그러므로 반드시 자신의 이익을 위해 양보하되, 무조건적인 양보는 삼가야 한다. 그러지 않으면 당신은 이익을 가져다줄 수많은 기회를 잃게 될 것이다. 당신은 상대에게 양보하는 동시에 반드시 적절히 **타협해야 한다.**

협상에서는 양보를 하면 상대는 이를 빌미로 더욱 압박해 들어온다. 그러나 양보하지 않으면 상대는 이익이나 만족을 얻지 못하므로 협상은 결렬되고 만다. 그렇다면 이러한 문제를 어떻게 해결할 것인가? 우리는 무조건적 양보는 금물이라는 원칙을 기억해야 한다. 협상을 원활히 진행하는 데 필요한 양보 대신 부가적 조건을 통해 얻는 이익으로 양보에 따른 손실을 보완해야 한다. 즉, 협의를 달성하기 위해 양보는 반드시 필요하지만 절대 경솔하고 일방적이어서는 안 된다.

효과적인 설득은 협상을 성공으로 이끈다

협상에서 가장 중요한 것은 바로 설득이다. 우리는 협상에서 상대가 자신의 관점을 받아들이도록 어떻게 설득할 것인가? 이는 평화롭고 성공적인 협상을 위한 중요 포인트다.

협상 시 상대의 이익을 정곡으로 조준해 도리 있는 말과 근거 있는 행동으로 설득력을 발휘하자. 협상에서 설득은 상대의 기존 생각을 변화시켜 당신의 의견을 진심으로 받아들이게 하는 방법이다. 이는 매우 중요한 기술이지만 좀처럼 장악하기 힘들다. 설득은 기교성이 매우 강하기 때문에 종종 다양한 방법과 전략을 종합적으로 운용해야 한다.

① 작은 일부터 차근차근 이야기하라.

다른 사람을 설득할 때는 작은 일부터 시작해 단계와 절차를 세분해야 한다. 이는 상대의 요구를 작은 것에서부터 만족시켜 나아가는 설득 방법이다. 이 방법은 설득 과정을 통해 상대의 인식을 완전히 새롭게 변화시킬 수 있다는 장점을 지닌다.

미국 필라델피아 전기 회사의 판매원 웨버는 어느 농촌 마을에 전기를 판매하러 갔다. 부유한 농가 문을 두드렸을 때 노부인이 나왔다. 그녀는 찾아온 사람이 전기 회사 판매원임을 알고는 문을 쾅 닫아버렸다.

웨버가 다시 문을 두드리자 문이 겨우 살짝 열렸다. 그가 말했다.

"귀찮게 해서 죄송합니다. 부인께서 전기에 흥미가 없으시다는 사실은 잘 알고 있습니다. 댁을 찾아온 이유는 판매를 위해서가 아니고 달걀을 사기 위해서입니다."

노부인은 경계심을 풀고 문을 좀 더 열고는 고개를 내밀었다. 웨버는 말을 이어갔다.

"부인이 키우시는 도미니크종 닭이 굉장히 실해 보여서요. 신선한 달걀을 사 가지고 돌아가려고요. 저희 집 닭은 레그혼인데 흰색 달걀을 낳습니다. 그걸로 케이크를 만들면 색이 별로거든요. 그래서 아내는 항상 갈색 달걀을 사 온답니다."

노부인은 문을 열고 나와 훨씬 온화한 태도로 그와 달걀에 대한 이야기를 나누었다. 웨버는 정원의 외양간을 가리키며 말했다.

"부인, 내기를 하셔도 좋습니다. 부인이 키우시는 닭은 남편이 키우시는 소보다 훨씬 많은 돈을 벌 수 있을 겁니다."

노부인은 그 말을 듣고 매우 기뻤다. 오랜 기간 그녀의 남편은 그 사실을 인정하지 않았던 것이다. 그녀는 웨버가 자신의 마음을 잘 알아주는 친구처럼 느껴져 기쁜 마음으로 그를 닭장에 데려갔다. 웨버는 닭장을 둘러보고 노부인이 닭을 정말 잘 키운다며 칭찬했다.

"이 닭장에 전등을 쬐어주면 닭이 알을 더 많이 낳게 될 거예요."

노부인은 그에게 전등을 다는 것이 과연 수지가 맞는지를 물었다. 웨버는 노부인에게 원만한 대답을 해주었다. 2주 후, 웨버는 노부인의 전기 사용 신청서를 받았다.

웨버는 거래를 서두르지 않고 작은 일부터 차근차근 설득하는 절묘한 방법을 사용했다. 그는 한 걸음씩 구체적이고 세밀하게 상대의 상황을 분석하고 이에 맞는 계획을 세웠다. 웨버가 작은 일부터 차근차근 이야기하자 노부인과의 심리적 거리가 가까워졌고 결국 태도도 변화했다. 이처럼 작은 일부터 차근차근 예정된 목표에 접근하면 결국 성공할 수 있다.

② 상대의 기분을 맞춰주고 진심으로 다가가라.

이는 타인의 입장에서 문제를 분석해 상대로 하여금 당신이 자신을 진심으로 생각해준다는 느낌을 가지게 하는 방법으로, 강한 설득력을 지닌다. 이 방법을 사용하기 위해서는 우선 '지피지기'가 중요하다. 먼저 상대를 이해하면 그 사람의 입장에서 문제를 생각할 수 있다.

어느 정밀 기계 공장이 새로운 제품을 제조하면서 부품을 작은 공장에 위탁했다. 그런데 작은 공장이 보여준 부품의 반제품은 불합격 판정을 받았다. 그러나 본 공장의 규격에 온전히 맞춘 부품을 제작했다고 생각한 작은 공장 책임자는 부품을 새로 제작하지 않으려 했다. 이에 쌍방은 양보 없이 오랫동안 대치하게 되었다. 본 공장장은 사정을 자세히 물은 다음 작은 공장의 책임자에게 말했다.

"내 생각에 이 일은 우리 공장 쪽 설계가 꼼꼼하지 않아서 벌어진 것 같습니다. 당신에게도 손해를 끼치게 되었으니 정말 미안합니다. 다행히 당신들 덕분에 오늘 결점을 발견하게 되었습니다. 그렇지만 제품은 완성해야 하지 않겠습니까. 그쪽에서 더욱 완벽하게 제작을 해준다면 우리 모두에게 이익이 될 것 같은데요."

작은 공장의 책임자는 그의 말을 흔쾌히 받아들였다.

③ 더 큰 이익을 위해 사소한 일을 양보하라.

고정관념을 가진 사람을 설득하는 가장 좋은 방법은 바로 한 발 양보하는 것이다. 설득이 통하지 않을 때는 먼저 양보하는 것이 현명하다. 양보는 상대에 대한 존중을 나타내고 이로써 상대는 당신에게 호감을 갖게 된다. 또한 상대는 심리적 만족을 얻을 수 있으므로 훨씬 쉽게 당신의 관점과 설득을 받아들인다.

더 큰 이익을 위해 사소한 일을 양보하는 방법은 경제 분야 협상에서 자주 운용된다. 마치 전쟁처럼 일촉즉발인 협상 과정에서 '더 큰 이익을 위해 사소한 일을 양보하는 전술'의 민첩하고 능숙한 운용은 협상의 승패를 직접적으로 결정한다.

미국의 한 대형 항공사가 뉴욕시에 공항을 건설하면서 에디슨 전력 회사에 저렴한 가격으로 전력 제공을 요청했지만 완곡히 거절당했다. 전력 회사는 도와주고 싶은 마음은 굴뚝같지만 공공 서비스 위원회의 비준을 얻지 못해 도와줄 수 없다는 핑계를 댔다. 이에 협상은 난항에 빠졌다. 항공사는 에디슨 전력 회사가 이미 많은 고객을 보유하고 있으므로 항공사라는 새로운 고객을 받아들이면 충분한 전력을 공급할 수 없을까 봐 걱정한다는 사실을 알고 있었다. 실제로 공공 서비스 위원회가 전력 회사의 거래를 좌지우지하는 경우는 없었기에 비준 문제는 그저 구실에 불과했다.

항공사는 직접 발전 공장을 세운다는 소문을 퍼뜨리기 시작했다. 전력 회사는 그 소식을 듣고 즉시 태도를 바꾸었다. 주도적으로 공공 서비스 위원회 문제를 처리하겠으며 항공사에 특별한 가격으로 전력을 제공하겠다는 뜻을 비친 것이다. 그 결과 항공사는 특별한 가격에 전력 회사와 협의를 달성할 수 있었다.

이 협상에서 항공사는 스스로 공장을 건설하겠다고 소문을 퍼뜨리는 양보전략을 펼쳤다. 직접 부딪히지 않고 한 발 물러남으로써 전력 회사의 태도를 바꾸도록 압력을 가한 것이다. 결국 항공사는 한 걸음 물러서서 두 걸음 나아갈 수 있었고, 협상에서 승리를 얻었다.

말
재
주

Chapter 7

**재치 있는 말로
가벼운 교제 분위기를
조성하라**

중재로
상대의 체면을
세워주라

중재란 교착 국면이나 곤경에 빠졌을 때 주도적으로 도움을 제공하는 것이다. 즉, 상대가 대중 앞에서 순조롭게 이야기할 수 있도록 난처한 상황에서 벗어나게 돕는 일이다. 중재를 잘하면 조화로운 분위기를 만들 수 있고, 오해를 해소하고 갈등을 완화시키며 분쟁을 수습할 수 있다.

요컨대 중재는 말하기 기술의 일종으로, 사람의 지혜를 드러낸다. 임기응변 능력이 뛰어나고, 요령 좋은 사람은 다툼을 평화로 변화시킨다.

① **화해를 돕는다.**

쌍방의 논쟁이 격렬할 때 제삼자가 쌍방의 관점을 나름대로 해석해 중재하면 쌍방이 서로의 관점을 받아들이고 곤경에서 벗어날 수 있다.

청 말기, 말재주가 뛰어나 능숙하게 분쟁을 조정하는 진수병이라는 이가 있었다. 그가 강하의 현 지사를 지낼 무렵, 호북 총독 장지동과 장군 담계순은 사이가 좋지 않았다.

어느 날, 진수병은 잔치를 열어 장지동과 담계순을 비롯한 여러 사람을 초대했다. 그러던 중 장강(長江)의 폭에 대한 이야기가 나왔다. 담계순은 장강의 폭이 5리 3분이라고 하고, 장지동은 7리 3분이라고 주장하며 서로 얼굴이 벌게질 때까지 다투었다. 흥겨워야 할 잔치 분위기는 단박에 얼어붙었다.

진수병은 두 사람이 장강을 핑계로 싸움을 벌였음을 깨달았다. 두 상사의 기분을 맞춰주고 분위기를 누그러뜨리기 위해 그는 말했다.

"사실 두 분의 말씀은 모두 옳습니다. 장강이 불어났을 때는 그 폭이 칠 리 삼 분이고, 물이 빠져나갔을 때는 오 리 삼 분입니다. 장 총독께서는 물이 불어났을 때를 말씀하신 것이고, 담 장군께서는 물이 빠졌을 때를 말씀하신 것입니다."

진수병은 강의 폭이 달라지는 상황을 교묘하게 분석해 두 사람이 입을 다물게 만들었다.

② 조화로운 분위기를 만든다.

원숭이도 나무에서 떨어진다고, 아무리 말재주가 뛰어난 사람도 때로는 실수로 분위기를 험악하게 만들 때가 있다. 당사자가 난처한 국면에서 스스로 벗어나지 못할 때, 제삼자가 임기응변을 발휘하면 이를 해결할 수 있다.

동창회가 열렸다. 모두 친밀하게 인사를 나누고 즐겁게 이야기를 하던 중 한 남성이 어떤 여성에게 말했다.

"옛날에 네가 나를 따라다녔잖아. 지금도 내 생각해?"

기분이 나빠진 여성은 대번에 안색을 바꾸며 발끈했다.

"너 미쳤니? 누가 너처럼 지저분한 인간을 쫓아다녔다는 거야?"

화기애애하던 동창회 분위기는 순간 얼어붙었고, 모두들 난처해했다. 이때 또 다른 여성이 웃으며 말했다.

"네 성격은 하나도 안 변했구나. 옛날에는 누가 누구를 좋아하면 괜히 더 심한 말을 하면서 속마음을 드러내기도 했잖아. 안 그래?"

그녀의 말이 끝나자 모두 즐거웠던 학창 시절을 떠올리게 되었고 그렇게 어색한 분위기는 수습되었다.

③ 상대가 빠져나갈 기회를 주어라.

대화를 나누다 상대가 곤경에 빠졌을 때, 물러날 여지를 주지 않고 억지로 대화를 진행하는 것은 좋지 않다.

경극을 무척 좋아하는 자희 태후는 막이 내리면 배우에게 상을 내리곤 했다. 어느 날, 유명 경극 배우 양소루의 연기에 매우 흡족해한 자희 태후가 탁자 위에 놓여 있던 과자를 건넸다. 양소루는 머리를 조아려 감사를 표했다. 그러나 과자를 좋아하지 않던 그는 용기를 쥐어짜 말했다.

"태후마마, 성은이 망극하옵니다. 소인 같은 사람이 어찌 귀한 궁정의 음식을 먹을 수 있겠습니까. 부디 다른 은정을 베푸소서."

"그럼 무엇을 원하느냐?"

"태후마마, 소인에게 묵보(墨寶, 보배가 될 만한 좋은 글씨)를 하사해주시겠습니까?"

자희 태후는 그의 말을 듣고 기뻐하며 환관에게 서예 도구를 가져오라 했다. 그녀는 붓을 들어 단번에 '복(福)' 자를 썼다.

곁에 있던 왕자가 조용히 말했다.

"태후마마, 복 자는 옷 의(衣) 변이 아니라 보일 시(示) 변입니다."

이에 양소루는 무척 난감했다. 만약 이를 그대로 받아 가 누군가에게 보기라도 한다면 이는 태후를 능욕한 죄가 될 것이었다. 그렇다고 받지 않으면 목숨을 내놓아야 할지도 몰랐다. 그는 식은땀을 흘렸다.

분위기는 단번에 얼어붙었고 자희 태후도 난처했다. 틀린 글자를 하사할 수도 없고, 그렇다고 고쳐 쓰자니 겸연쩍었다.

이때 옆에 있던 이연영이 얼른 말했다.

"태후마마께서 쓰신 복 자는 세상의 어느 복 자보다 복이 한 점 더 많습니다!"

양소루는 그 말을 듣고 덧붙였다.

"이렇게 흘러넘치는 태후마마의 복은 만인을 위한 복입니다. 그런데 어찌 소인이 이를 감히 받을 수 있겠습니까!"

자희 태후는 웃으며 그들의 말에 맞장구쳤다.

"좋네. 그럼 다음에 다시 하사하도록 함세."

이렇게 이연영은 두 사람을 곤경에서 구해냈다.

간단한 말 한마디에 자희 태후는 '체면이 떨어질 위기'에서 벗어 났다. 명색이 태후라는 사람이 다른 사람에게 하사하는 '복' 자를 틀린 것은 많은 사람 앞에서 창피를 당할 만한 일이었다. 이 민망한 상황에서 이연영은 민첩하게 기지를 발휘하여 자희 태후를 위기에서 구해내고 호의를 얻었다.

자기 풍자로
교착 상태에서
벗어나라

현명한 사람만이 유머라는 언어적 기술을 사용할 수 있다는 게 일반적인 견해다. 유머 중에서도 자기 풍자는 유머의 최고 경지라 할 수 있다. 자기 풍자는 편안하고 화목한 대화 분위기를 조성하고, 말하는 이의 대범함을 드러낸다. 자기 풍자는 화자의 귀여운 일면과 인간미를 드러내주어 이미지를 새롭게 한다. 적재적소에 '자기 풍자'를 사용하면 유머러스한 분위기는 물론 의미심장한 효과를 얻을 수 있다. 자기 풍자를 이해하는 사람은 조화로운 인간관계를 유지하고 어디를 가든 환영받는다.

자기 풍자는 자칫 자기 비하로 보일 수도 있지만 실은 서로의 거리를 좁히고 다른 사람의 존중과 인정을 받을 수 있는 대화 기술이다. 이는 심리 방어의 일종이자 자기 위안이며 인생의 좌절과 역경 속에서 드러나는 긍정적이고 낙관적인 태도이다. 또한 타인의 무례한 대우를 참고 견디는 것이 아니라 대범한 내면을 드러내는 행동이다.

타인과 소통하면서 난관이나 어색한 상황에 봉착할 때가 있다. 이때 상황을 현명히 판단하고 자기 풍자를 사용하면 난처한 국면이 해결되고 당신의 품격은 더욱 상승할 것이다.

① 교묘하게 자신을 폄하한다.

자기 풍자의 방법 중 하나는 교묘하게 자신을 폄하하는 것이다. 이를 통해 오히려 비범한 도량과 뛰어난 지혜를 드러낼 수 있다.

어느 날 소식은 조정에서 돌아오는 길에 배를 문지르며 좌우 대신에게 물었다.

"한번 말해보시게. 이 안에 무엇이 들어 있는 것 같나?"

한 사람이 말했다.

"문장이 들어 있을 것입니다."

또 다른 사람이 말했다.

"계략이 가득 들어 있을 것입니다."

마지막으로 소식을 잘 이해하는 사람이 말했다.

"뱃속 가득 시의적절하지 않은 생각이 들어 있을 것입니다."

소식은 포복절도했다.

마지막 사람의 대답은 소식이 생각하는 자기 풍자의 정곡을 찔렀기 때문이다.

② 스스로 위안한다.

사람들은 때로 여의치 않은 일로 고민하고 번뇌한다. 이때 자기 풍자를 운용하면 스스로 위안할 수 있을 뿐만 아니라 사람들에게 새로운 이미지를 심어줄 수 있다.

어느 클럽에서 성대한 연회가 열렸다. 종업원이 술을 따르다 실수로 맥주를 대머리 손님의 머리 위에 쏟고 말았다. 종업원은 너무 놀라 어찌할 줄 몰랐고, 모두 아연실색했다. 그러자 대머리 손님이 웃으며 말했다.
"이거 보세요. 그렇게 한다고 머리카락이 자랄 것 같아요?"
사람들은 모두 박장대소했고 난처한 상황은 바로 해결되었다. 그의 유머러스한 말에서 넓은 도량이 드러났고 이를 통해 스스로 존엄을 지킬 수 있었다.

③ 결점을 스스로 드러낸다.

자신의 약점을 스스로 드러내면 상대는 당신을 친근하게 느낀다. 그러면 상호 간 더욱 순조롭게 소통할 수 있다.

중국의 실용주의 철학자 호적(후스)이 대학에서 강의를 하게 되었다. 어느 날 그는 공자, 맹자, 손문의 말을 인용하면서 칠판에 '공자 왈, 맹자 왈, 손문 왈'이라고 썼다. 마지막으로 그가 자신의 의견을 이야기할 때 학생들은 떠들썩하게 웃음을 터뜨렸다. 그는 칠판에 '호적 왈(胡說. 중국어로 허튼 소리라는 의미가 있음)'이라고 적었다.

호적은 글자 하나만으로 즐거운 분위기를 만들고 학생들과의 거리를 단번에 좁혔다.

④ 난처한 상황을 수습한다.

난처한 상황을 자기 풍자로 응대하는 것은 꽤나 적절한 방법이다. 처세에 능한 사람은 종종 불리한 상황에서 자기 풍자로 상황을 자신한테 유리하게 만든다. 그러면 큰일은 작은 일이, 작은 일은 없었던 일이 되어 쉽게 난관을 극복할 수 있다.

한 여자를 사랑한 젊은이가 있었다. 그는 그녀를 2년이나 쫓아다녔는데도 아무런 결실을 맺지 못했다. 어느 날 누군가가 공개적인 장소에서 그를 능력 없는 사람이라고 비웃었다. 그러자 그가 대답했다.

"이 년 내내 그녀는 나더러 자기에게는 과분한 꽃미남이라고 이야기하더라고. 그럼 어쩔 수 없잖아! 도대체 누가 날 이렇게 잘생기게 만든 거야?"

그의 말에 난처한 분위기는 사라졌고 사람들은 즐겁게 웃었다. 젊은이는 자기 풍자를 통해 자존심을 지킬 수 있었다.

⑤ 대담한 자기 풍자는 자신감을 드러낸다.

때로는 당신을 난감하게 만드는 상황이 당신 자신에게서 비롯된 것일 수 있다. 예컨대 외모 등의 신체적 콤플렉스, 말실수 같은 것들이다. 자신의 이미지에 영향을 미치는 다양한 콤플렉스를 대담하고 교묘하게 풍자하면 자신감이 드러나고 곤경에서 신속히 벗어날 수 있다. 이는 당신의 시원스럽고 비범한 매력을 보여준다.

몸집이 왜소한 남자 강사가 있었다. 그가 강단에 오를 때 몇몇 학생은 대놓고 비웃었고, 귓속말을 해대며 웃기도 했다. 강사가 입을 열었다.

"신이 내게 말씀하셨네. 요즘 사람들은 꿈을 키울 생각은 안 하고 쓸데없이 키만 키워서 사회가 이 모양이 되었다고 말이네. 신이 경고해도 소용없었으니 나더러 인간 세상에서 모범을 보이라고 하셨네."

강사의 해학적인 말에 감복한 학생들은 다시는 그의 신체적 결함을 웃음거리로 삼지 않았다.

상대의 도발에
침착하게 대응하라

살다 보면 피치 못할 논쟁을 벌일 때가 있다. 예컨대 공개적인 장소에서 누군가가 당신의 내밀한 일을 끄집어내서 망신을 주거나, 당신의 흑역사를 떠벌려 웃음거리로 만들었을 때 말이다. 이러한 상황에서도 당신은 이성을 유지해야 한다. 감정을 조절하고, 냉정을 유지하는 원칙만 지키면 당신은 이 모든 일에 제대로 대응할 수 있다.

① 뜻이 담긴 말로 반격하라.

상대의 비합리적 행동이나 말은 합리적 언어로 반격해야 한다. 이때 상대의 말과 관련된 이야기로 반격하는 것이 효과적이다. 뜻이 담긴 말로 당신의 기지와 역량을 발휘하면 상대는 스스로 제 발등을 찍는 셈이 된다.

독일의 시인 하인리히 하이네는 유대인이었다. 그 때문에 그는 종종 후안무치한 사람들의 공격을 받아야 했다. 어느 날, 저녁 만찬에서 한 사람이 하이네에게 말했다.

"제가 작은 섬을 하나 발견했는데 말이지요. 그 섬에는 유대인과 당나귀가 없더라고요."

하이네가 침착하게 말했다.

"보아하니 당신과 제가 그 작은 섬에 가면 그 두 가지가 갖춰지겠군요."

'당나귀'는 독일 남부 지역에서 종종 '어리석은 사람, 바보'의 대명사로 쓰인다. 유대인과 당나귀 모두 하이네를 모욕하는 의미였으나 하이네는 그를 크게 비난하지도 이의를 제기하지도 않았다. 오히려 '자신과 그'를 '유대인과 당나귀'에 비유해 침착하게 대처했다.

② 첨예한 대립을 피하라.

의견이 엇갈릴 때, 무조건 자기주장만 하면 싸움이 발생할 수 있다. 이럴 때는 우회 노선을 택해 첨예한 대립을 피하는 편이 좋다.

결혼 문제로 충돌하는 모녀가 있었다. 딸은 결혼 생각이 없었고, 어머니와의 불화도 원치 않았기 때문에 적당한 시기에 이야기를 나누려고 했다. 어느 날, 식사 시간에 어머니는 또 잔소리를 시작했다.

"너도 스물다섯 살이니 적지 않은 나이잖니. 내가 네 나이 때는 벌써 네 언니가 세 살이었다. 왕 국장 아들이 키도 크고 생긴 것도 시원시원한 데다 벌써 집도 있다더라. 근데 왜 마음에 안 든다는 거니?"

"엄마, 이거 옆집 아줌마가 가르쳐준 대로 만든 가지볶음 아니에요? 근데 색깔이 왜 이러지? 와서 좀 봐줘요!"

딸은 말을 돌려 일부러 화제를 피했다. 이는 '빨간불을 만나면 길을 돌아가라'는 방법을 사용한 것이다.

③ 상대가 사용한 방법대로 대응하라.

탐은 다른 사람을 바보 취급하면서 득의양양해하곤 했다. 어느 이른 아침, 그가 문 앞에서 빵을 먹고 있는데 잭슨 할아버지가 작은 당나귀를 타고 흥얼거리며 지나갔다. 탐이 크게 소리쳤다.

"저기요, 와서 함께 빵을 먹어요!"

할아버지가 대답했다.

"고맙지만 나는 벌써 아침을 먹었단다."

탐은 정색하며 말했다.

"할아버지 말고요. 저는 당나귀에게 물어본 거예요."

그러고는 득의양양하게 웃었다. 모욕을 당한 잭슨 할아버지는 당나귀의 뺨을 찰싹 후려치고는 꾸짖었다.

"이 짐승아, 외출할 때 마을에 친구가 있는지 물었을 때는 단호하게 없다고 하지 않았느냐. 친구가 없는데 왜 저이가 너에게 같이 빵을 먹자고 청한단 말이냐? 앞으로는 절대 거짓말을 하지 마라."

이것이 바로 '상대가 사용한 방법대로 상대에게 대응하는 방식'이다. 잭슨이 당나귀와 말을 할 수 있다는 가정하에 할아버지를 모욕하자 할아버지는 잭슨이 설정한 상황을 받아들였다. 그런 다음 당나귀를 혼내는 척하면서 상대를 당나귀와 '친구관계'라고 모욕해 교훈을 준 것이다.

④ 유머로 곤경에서 벗어나라.

러시아의 어릿광대 두로프의 공연 막간 휴식 시간에 오만한 관객이 그를 비웃으며 말했다.

"어릿광대 선생, 관중에게 매우 인기가 많은 것 같더군요."

"그렇습니다."

"어릿광대가 서커스단에서 인기를 얻으려면 꼭 그렇게 어리석고 기괴한 얼굴이어야 합니까?"

"확실히 그렇습니다."

관객의 악의를 알아챈 두로프는 즉시 대답했다.

"만약 제가 당신 같은 얼굴을 가졌다면 보수를 두 배로 받을 수 있었을 겁니다."

두로프는 관객의 얼굴이 자신보다 두 배의 보수를 받을 수 있을 만큼 기괴하다고 말함으로써 손쉽게 곤경에서 벗어난 것이다.

난처한 질문에는
교묘한 말로
응대하라

직접 대답하기 어려운 질문을 일부러 던지는 오만한 사람들이 있다. 그들의 질문에 대답할 때는 대응력과 심리적 소양을 발휘해야 한다. 난처한 질문을 받았을 때 어떻게 해야 정도를 지키면서 상대를 만족시키는 대답을 할 수 있을까?

자주 사용되는 방법은 다음과 같다.

① 의미가 불분명한 말로 응대한다.

인간관계에서 종종 대답하기 어려운 민감한 문제를 마주했을 때 오히려 의미가 불분명한 말을 사용해 대답함으로써 민감한 화제에 대처할 수 있다.

축구 선수 마라도나는 잉글랜드와의 시합에서 논쟁의 여지가 있는 '문제의 골'을 넣었다. 골이 손에 맞아 들어갔는지 아니면 머리에 맞아 들어갔는지 기자가 질문했을 때, 그는 기지를 발휘해 "절반은 신의 손에 의해서, 나머지는 마라도나의 머리에 의해서"라고 대답했다. 이 대답에는 절묘한 계산이 담겨 있었다. 만약 그가 핸들링을 인정했다면 심판의 유효 판정을 뒤엎는 꼴이 된다. 반대로 핸들링을 인정하지 않으면 '세계 최고의 축구 선수'라는 명예가 실추된다. 그의 미묘한 대답은 핸들링을 인정하는 것이나 다름없었지만 의미가 불분명한 대답으로 자신의 품격을 지키는 동시에 심판의 권위도 지켰다.

② 상대가 사용한 방법대로 대응하라.

악의적 질문으로 당신을 곤경에 몰아넣는 이도 있다. 이때는 상대가 사용한 방법대로 대응하는 임기응변이 필요하다. 이는 난해한 문제를 해결해줄 뿐만 아니라 상대에게 실례도 되지 않는다.

인터뷰 경험이 풍부한 영국인 기자가 작가이자 대학교수인 량샤오성에게 말했다.

"다음 문제는 망설이지 말고 '예', '아니오'로 대답해주시는 게 가장 좋습니다."

량샤오성은 고개를 끄덕였다.

카메라가 돌아가자 기자는 마이크를 량샤오성 앞에 내밀며 물었다.

"문화대혁명이 없었다면 분명 당신과 같은 세대의 작가는 태어나지 못했을 것입니다. 당신은 문화대혁명이 옳은 일이라고 평가하십니까?"

량샤오성은 임기응변을 발휘해 즉시 대답했다.

"제이차 세계대전이 일어나지 않았다면 이를 작품에 반영한 유명한 작가들이 탄생하지 못했을 텐데, 그럼 당신은 제이차 세계대전을 어떻게 평가하십니까? 옳은 일입니까, 그릇된 일입니까?"

량샤오성은 상대의 방법 그대로 대응함으로써 난처한 국면을 전환시켰다. 그의 임기응변은 찰나의 순간에 효과적으로 작용했다.

③ 에두른 말로 대답하라.

때로는 자신의 이익을 보호하고 체면을 지키기 위해 응대하기 어려운 질문에 에두른 말로 대답할 수도 있다.

어느 날, 작곡가 브람스가 연주회에 참석했다. 젊은 피아니스트 막스 브루흐가 프리드리히 실러의 시 '종의 노래'에 곡을 붙인 것을 상연하는 연주회였다.

브람스는 정신을 집중해 경청하며 이따금 매우 도취된 것처럼 고개를 끄덕이기도 했다. 브람스가 자신의 곡에 만족했다고 여긴 브루흐는 연주가 끝난 후 즉시 브람스에게 가서 물었다.

"선생님, 이 곡이 마음에 드셨습니까?"

브람스는 웃으며 말했다.

"역시 '종의 노래'는 불후의 시로군요."

브람스는 난처한 질문에 에두른 말로 대답해 예의를 지키면서도 완곡하게 진실한 감상을 이야기했다. 그는 '종의 노래'를 불후의 시라고는 생각하지만 브루흐의 곡이 뛰어나다고 생각하지는 않았던 것이다.

④ 반문으로 대답하라.

확실히 대답할 수 없는 질문을 받으면 유머러스한 반문으로 대응하는 것이 좋다. 반문을 통해 판단을 상대에게 넘기는 것이다. 이러한 반문은 때로 황당무계하지만 상황을 유머러스하게 넘기고 스스로 곤경에서 벗어나게 해준다.

한 방송국에서 유아 관찰 예능 프로그램을 찍었다. 여자 MC가 남자 MC에게 물었다.

"삼 개월의 영아에게 어떤 음식을 먹이는 게 좋은지 알고 계세요?"

"설마 만두는 아니겠지요?"

유머러스한 반문 덕분에 그는 뻘쭘해질 수도 있었던 상황을 순조롭게 넘겼다.

⑤ 이화접목하라.

다른 사람과 교제할 때 종종 대답하기 곤란하거나 대답 자체가 필요 없는 질문을 받기도 한다. 그렇다고 침묵하거나 할 말이 없다고 직접적으로 이야기하는 것은 예의에 어긋난다. 이때 개념을 살짝 바꾸어줌으로써 상대의 질문 의도를 곡해하는 척, 임기응변을 사용해보라. 이것이 바로 이화접목(移花接木, 교묘하게 진위를 뒤집어버리는 일)의 기술이다.

버나드 쇼는 사회 현상에 주목하는 작가였다. 그의 작품에는 돈벌이를 위해 온갖 악행을 저지르는 악당, 정객, 귀족에 대한 비판이 담겨 있었다. 그래서 영국의 상류 인사들은 그를 미워하면서도 두려워했다.

어느 날, 버나드 쇼는 런던 외곽의 가로수 길을 산책하다가 한 부유한 상인과 마주쳤다. 부유한 상인은 거만하게 말했다.

"나는 지금껏 당나귀에게 길을 양보한 적이 없소."

버나드 쇼는 미소를 지으며 말했다.

"저와는 완전히 반대시군요."

그는 예의바르게 길을 양보해주었다.

여기에서 부유한 상인의 '당나귀'라는 말은 버나드 쇼를 지칭한다. 버나드 쇼는 일부러 못 알아들은 척하면서 교묘하게 같은 주제를 빌려 한마디로 대꾸했다. 그는 부유한 상인에게 기꺼이 길을 양보했고 이에 당나귀라는 칭호는 부유한 상인에게 돌아갔다.

⑥ 도리에 맞지 않는 말은 그대로 돌려주라.

상대가 일부러 대화에 함정을 설치한다면 눈에는 눈, 이에는 이로 대처하자. 즉, 상대의 함정을 황당무계한 논리로 받아쳐서 상대를 난처하게 만드는 것이다. 이는 도리에 맞지 않는 말에 진지하게 대답하면 무지를, 대답하지 않으면 무능을 드러내게 되기 때문이다. 따라서 도리에 맞지 않는 상대의 말을 그대로 돌려줌으로써 그 상황을 모면하는 게 좋다.

미국에서 노예제도 폐지를 주장했던 웬델 필립스는 전국 각지를 돌며 강연을 했다. 그러던 중 노예제도 폐지에 반대하는 세력이 강한 켄터키주 출신의 한 목사가 그에게 물었다.

"당신은 노예를 해방해야 한다고 생각하십니까?"

"그렇습니다. 저는 노예를 해방해야 한다고 생각합니다."

"그렇다면 당신은 왜 북쪽 지역에서만 연설을 합니까? 켄터키주에서 연설을 할 생각은 없으신지요?"

"당신은 목사죠. 맞습니까?"

필립스가 반문했다.

"그렇습니다. 저는 목사입니다."

"당신은 지옥으로부터 영혼을 구원할 수 있다고 설교하지요. 맞습니까?"

"물론이지요. 그건 저의 책임입니다."

"그렇다면 당신은 왜 직접 지옥에 가지 않습니까?"

목사는 노예 해방을 주장하는 사람들이 노예가 없는 지역에서만 큰소리친다고 생각했고, 필립스는 목사가 인권을 무시하고 과도한 이익을 추구한다고 생각했다. 그는 도리에 맞지 않는 목사의 말을 그대로 돌려주어 효과적으로 반박할 수 있었다.

난처한 상황은
유머로 대처하라

　인간관계에서 우리는 종종 난처한 문제와 상황에 맞닥뜨린다. 어떻게 해야 당황하지 않고 이러한 상황에서 벗어날 수 있을까? 다급한 순간 머릿속에 떠오르는 유머를 운용하면 난처한 상황에서 효과적으로 벗어날 수 있다.

　유머는 뛰어난 언어 기술로, 타인과의 소통과 교류에 도움을 주며 서로의 마찰을 해소한다. 그뿐만 아니라 우리 스스로 난관을 순조롭게 돌파하고 문제를 해결할 수 있게 한다.

　청나라에 재능이 뛰어나기로 유명한 기효람이라는 학자가 있었다. 그는 더위를 많이 탔는데 여름이면 줄줄 흐르는 땀에 옷이 다 젖을 정도였다. 그와 동료들은 당직을 설 때 옷을 벗고 더위를 식힐 곳을 찾곤 했는데 건륭 황제가 이 사실을 알고 일부러 그들을 골려주기로 했다.

　어느 날, 몇몇 대신이 상반신을 드러낸 채 이야기를 나누고 있었다. 갑자기 건륭 황제가 모습을 나타내자 모두 서둘러 옷을 찾아 몸에 걸쳤다. 그러나 기효람은 눈이 좋지 않아 황제가 가까이 다가올 때까지 자기 옷을 찾을 수가 없었다. 어쩔 수 없이 그는 땅에 엎드린 채 숨을 죽였다.

건륭은 두 시간이 지나도록 한마디도 하지 않았고, 그곳을 떠나지도 않았다. 끊임없이 땀을 흘리던 기효람은 한참이 지나도 별다른 기척이 느껴지지 않자 살그머니 물었다.

"노두자(老頭子, '늙은이, 영감'이라는 뜻)는 가셨는가?"

그의 말에 건륭 황제와 대신들은 웃음을 터뜨렸다. 황제가 말했다.

"참으로 무례하구나. 어찌 그리 경박한 말을 하는 것이냐? 만약 네 설명이 이치에 맞으면 그냥 넘어가겠지만 그렇지 않으면 목을 벨 것이니라."

기효람이 얼른 말했다.

"아직 옷도 입지 못한 소인이 어찌 감히 폐하께 말씀을 드릴 수 있단 말입니까?"

건륭은 환관에게 옷을 가져다주라 일렀다.

"다행히 짐과 이야기를 할 때는 예복을 갖추어야 한다는 사실을 알고 있는 모양이군. 쓸데없는 소리는 말고 짐을 '노두자'라고 부른 이유나 말해 보거라."

기효람은 매우 공손한 태도로 입을 열었다.

"폐하는 만수무강을 누리셔야 할 분입니다. 그러니 '노(老)'하다고 말할 수 있지요. 그리고 폐하께서는 하늘을 떠받치고 땅 위에 우뚝 서신 백성의 우두머리(頭)십니다. 또한 하늘을 아버지로, 땅을 어머니로 삼은 천지의 아들(子)이시니 어찌 노두자라 부르지 않을 수 있겠습니까? 폐하, 신의 말이 틀렸나이까?"

그의 말은 모두 이치에 맞았고 황제는 매우 기뻐했다. 한숨 돌린 기효람은 다시는 황제를 함부로 부르지 않겠노라 다짐했다.

이치에 맞는 기효람의 그럴듯한 해석으로 경시의 의미가 담긴 노두자는 칭찬의 의미가 가득 담긴 호칭이 되었다.

우리는 타인과의 교제에서 종종 난처한 상황에 맞닥뜨린다. 이때 유머를 발휘할 수 있다면 순식간에 분위기를 누그러뜨릴 수 있다. 프랭클린 루스벨트는 말했다.

"유머는 인간관계의 소통에 윤활유 역할을 한다. 격화된 감정을 완화시켜 난처한 상황에서 벗어나게 하고, 쌍방의 대립된 감정을 화해시켜 문제를 더 순조롭게 해결한다."

소통에서 유머러스한 말은 서로의 마찰계수를 효과적으로 낮춰주는 윤활제다. 또한 서로의 충돌과 모순을 해소하고 소통 과정에서 겪는 곤경을 벗어나게 한다.

버스가 갑자기 정지하는 바람에 한 노인이 앞에 있던 아가씨의 몸에 부딪혔다. 불쾌한 듯 아가씨가 톡 쏘았다.

"저질!"

큰 소란이 날 만한 상황에서 대학교의 물리학과 교수였던 노인은 침착하게 말했다.

"저질이 아니라 관성의 성질입니다."

버스 안에 있던 사람들은 모두 웃음을 터뜨렸다. 하마터면 충돌이 발생할 수도 있었던 상황은 노인의 재치 있는 말 한마디로 해결되었다.

유머는 긴장 국면을 완화하는 묘약이자 임기응변의 유력한 무기다. 유머는 일종의 역량으로, 타인과의 교제에서 종종 유머러스한 말을 사용하고 유머의 기술을 파악한다면 난처함을 피할 수 있다. 유머는 생활을 더욱 활력 있게 만들고 심지어 당신의 인생을 변화시킨다.

유머는 효과적 소통을 위한 청량제이므로 유머 감각을 배양하자. 그러면 인간관계에서 마치 물 만난 고기처럼 모든 일을 순조롭게 풀어나가고, 그렇게 소통의 대가가 될 것이다.

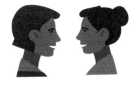

상대의 체면을
세워주어라

인간관계에서 체면은 매우 중요한 요소다. 체면 때문에 작게는 사이가 틀어지기도 하고, 크게는 목숨이 오간다. 누구나 강한 자존심과 자아 인정 욕구를 가지고 있기에 사회적 이미지를 굉장히 신경 쓴다. 그러므로 타인의 체면을 떨어뜨리거나 난처한 상황에 빠지게 한다면 그는 당신에게 반감을 가질 것이다. 반대로 상대에게 물러날 여지를 주어 체면과 자존심을 지키게 해준다면 그는 당신에게 감사하며 강한 호감을 가질 것이다.

조화로운 인간관계를 구축하고 싶다면 상대의 체면을 세워줄 줄 알아야 한다. 인간관계는 상호적이라 당신이 받고 싶은 대로 상대를 대해야 한다. 타인을 존경하고 체면을 세워주면 이는 당신에게도 큰 도움이 된다.

마케터로 활약하다 자신의 기업을 세운 사장이 있었다. 그는 회사를 일으킨 후 적극적으로 경영에 참여했다. 하지만 그는 경영관리에 능숙하지 못했기에 마음을 놓지 못하고 걸핏하면 마케팅부에 가서 구체적인 업무 상황을 물었다. 게다가 직원들에게 항상 새 지시를 내리기 일쑤였다. 그 때문에 업무가 꽤나 혼란스러웠다.

사장의 태도에 직원들은 강한 불만을 느꼈고, 회사의 경영도 곤란해졌다. 그러나 사장이라는 그의 입장과 체면을 생각해 개선점을 직접 이야기하는 직원은 없었다. 이때 책임감 강한 마케팅 부장이 사장에게 진언하기로 결심했다. 그는 사장이 돈을 버릴지언정 체면만은 버리지 못한다는 것을 알고 있었다.

"사장님, 시간 좀 있으십니까? 상의 좀 드리고 싶은 일이 있습니다."

"그래요?"

"사장님도 아시다시피 최근 회사 경영 상황이 좋지 않습니다. 제 생각에는 각 부서가 협조적이지 못하기 때문인 것 같습니다. 현재 마케팅부 일은 사장님이 직접 관리하시니 실적이 좋을 수밖에 없습니다. 그러나 이러한 상황이 계속되면 다른 부서 업무는 홀시되고 맙니다. 이는 회사의 앞날에 지장을 미칠 것입니다."

사장의 체면을 고려한 부장의 말은 사장에게 잘못을 깨닫게 해주었고, 매우 좋은 효과를 불러왔다.

사실 아무리 완곡하게 타인의 잘못을 지적해도 이는 상대의 체면을 어느 정도 손상시킬 수 있다. 깔보는 눈빛, 불만스러운 말투, 귀찮다는 손짓 등으로도 충분히 상대의 체면을 떨어뜨릴 수 있음이다. 상대가 지적받은 것을 모두 받아들일 거라고 생각해서는 안 된다. 당신의 지적은 상대의 지혜와 판단력을 부정한 것이고, 명예와 자존심에 상처를 준 동시에 감정을 상하게 만들었기 때문이다. 어쩌면 상대는 자신의 생각을 바꾸기는커녕 반격을 꾀할지도 모른다. 그러므로 타인의 잘못을 지적할 때는 최대한 완곡하게 표현하고 방법을 강구하되 체면을 염두에 두어야 한다. 그래야만 상대방이 쉽게 당신의 지적을 받아들일 수 있다.

난처한 상황 등 어떤 문제 앞에서 상대의 체면을 세워주면 상대는 당신에게 호감을 느끼고 당신 자신도 좋은 이미지를 형성할 수 있다. 나아가 좋은 친구를 사귀거나 더 많은 협력 파트너를 얻게 될지도 모른다.

난처한 상대를 구해주는 사람은 항상 다른 사람의 환영을 받는다. 상대를 난감한 상황에서 구해준다는 것은 그 사람의 체면을 지켜준다는 의미다. 상대는 단번에 사람의 마음을 알아차리는 당신에게 감사할 것이다.

적절한 유머는
당신의 지혜를
한결 돋보이게 한다

유머는 일종의 품격이자 삶의 태도이다. 유머러스한 사람은 도량이 넓고 임기응변에 능하다. 유머 감각을 가진 사람은 자신감이 넘치고 다양한 압박과 도전에도 좌절하지 않으며 삶을 더욱 다채롭게 만든다. 그들의 유머 감각은 주위 사람까지 삶에 웃음이 넘치게 만든다. 영국의 사상가 프란시스 베이컨은 말했다.

"말 잘하는 사람은 반드시 유머 감각을 가지고 있다."

직접적인 말이 아닌 완곡한 뜻이 함축된 유머러스한 말로 상대 스스로 깨닫고 이해하게 하는 것, 그것이 바로 유머의 매력이다.

타인을 비판하고 싶지만 직접적으로 이야기할 수 없을 때, 완곡한 유머를 사용하면 내면의 의견을 표현할 수 있다. 유머에는 관용, 이해와 융통성 있는 삶의 태도가 내포되어 있다.

미국의 한 심리학자가 말했다.

"유머는 가장 흥미롭고, 가장 전염력이 강하고, 가장 보편적인 의미를 담은 전달 기술이다. 유머는 한 사람의 학식, 재능, 지혜, 영감을 말속에 언뜻 드러내는 '해학적 상상력'이라 할 수 있다. 유머는 사회의 다양한 부조화와 불합리한 현상, 불공평, 부정, 갈등을 실질적으로 드러내는 독특한 묘사다."

유머의 대가 찰리 채플린은 말했다.

"유머는 지혜를 드러내는 최고의 수단이다. 유머 감각을 가진 사람은 매력이 풍부하고 항상 타인과 즐거운 관계를 유지한다. 그리고 즐거운 인생을 소유한다."

유머를 이해하는 사람은 삶에 맛을 더할 줄 안다. 불공평한 대우를 받아도 태연하며 마음이 답답하고 괴로워도 유머를 통해 감정을 완화시키고 다른 사람에게까지 즐거움을 준다. 삶을 열렬히 사랑하는 그들은 굳이 자신의 재능을 뽐내지 않아도 인격적인 매력이 흘러넘친다.

링컨이 연설하던 중이었다. 갑자기 신원불명의 남자가 다가와 링컨에게 종이를 건넸다. 거기에는 '바보'라는 글자가 적혀 있었다. 당시 링컨의 곁에 있던 사람들은 그 내용을 보고도 서로 얼굴만 쳐다볼 뿐 어찌할 줄 몰랐다. 링컨은 잠시 생각하더니 미소를 띠며 말했다.

"저는 지금까지 수많은 익명의 편지를 받아보았습니다. 대부분 내용은 있고 서명이 없는 편지였지요. 그러나 오늘 받은 편지는 다르네요. 서명만 있고 본문이 없습니다."

사람들이 링컨의 기지와 유머에 열렬한 박수를 보내는 동안 '바보' 씨는 자리를 떴다.

삶에 대한 깨달음은 유머를 통해 해학적으로 표현된다. 유머는 웃음을 주는 동시에 깊은 생각을 유도한다. 유머 감각을 지닌 사람은 충만한 자신감으로 인간관계에서의 위기를 능숙하게 해결한다.

유머는 사회 활동에서 반드시 갖추어야 할 덕목이자 사교의 분위기를 활기차게 만들어주는 최적의 조미료이다. 유머는 불쾌한 분위기를 단번에 해소하며, 자신 혹은 타인을 궁지에서 벗어날 수 있게 한다.

사람들은 유머를 통해 웃고, 놀라고, 때로는 울지도 웃지도 못하는 상황에서 무언가를 깨닫는다. 노벨문학상 후보에 거듭 올랐던 작가 왕멍은 말했다.

"유머는 성인의 지혜이자 관통력이다. 유머를 사용한 기괴한 몇 마디 말로 깊이 숨겨진 뜻을 드러낼 수 있다. 유머는 때로 황당하지만 건강한 희망이 담겨 있다."

사람과 사람이 교제하는 가장 중요한 목적은 상대가 자신을 받아들이게 하는 것이다. 적절한 유머로 상대를 기쁘게 하지 못하면 어쩌면 그의 기억에 남기 어려울지도 모른다. 유머는 상대의 마음 문을 여는 열쇠이자 인간관계에서 자주 사용되는 기술이다. 유머를 이해하는 사람은 반드시 사람들의 환영을 받는다. 당신이 유머를 성공적으로 운용한다면 분명 대화의 최고 경지에 도달할 것이다.

말재주

Chapter 8

사람들에게 사랑받는
달변가 되는 법

두려움을 극복하면
연설은 결코 어렵지 않다

한 심리학자가 설문조사를 했다. 설문의 주제는 '당신이 가장 두려워하는 것은 무엇인가?'였다. 그 결과 '대중 앞에서 연설하는 것'이 가장 높은 순위를 차지했고 그다음이 '죽음'이었다. 거의 절반에 가까운 숫자가 대중 앞에서의 연설이 무엇보다 두렵다고 대답했다.

사람은 각자 다양한 정도로 두려움을 가지고 있다. 그러나 두려움은 자신의 발전과 좋은 이미지 형성에 지장이 될 뿐만 아니라 심신에 심각한 압박과 고통을 준다. 천성적으로 대중 앞에서 연설하기를 두려워하지 않는 사람은 극히 드물다. 그런데 연설에 대한 두려움은 극복 가능하다.

실제로 두려움은 얇은 창호지에 불과하다. 그것을 용감하게 뚫을 수 있다면 아무리 많은 사람 앞에서도 당당하고 차분하게 말할 수 있고, 결국 두려움은 사라질 것이다.

사실, 연설을 할 때 어느 정도 두려움을 느끼는 것은 정상적 반응이다. 때로는 수습할 수 없을 정도의 공포감이 몰려와 심리적 장애를 유발하는 등 심각한 상황이 벌어지기도 하지만 그렇다고 절망할 필요는 없다. 시간을 들여 지속적으로 훈련하면 두려움이 어느 정도 경감될 것이다. 이때 적절한 두려움은 일종의 원동력이 된다.

그렇다면 두려움은 어떻게 극복할 수 있을까? 마음을 진정시킬 몇가지 방법을 소개한다.

① 긴장을 푼다.

말할 때 과도하게 긴장하는 이유는 호흡이 흐트러져 산소 흡입량이 감소하기 때문이다. 그러면 두뇌는 일시적으로 멍한 상태에 빠진다. 이 비정상적 상황은 통상 '당황-호흡 곤란-두뇌 반응이 무뎌짐-지리멸렬한 말을 함' 순으로 벌어진다. 이러한 상황을 극복하려면 호흡 조절법을 배워야 한다.

말할 때는 최대한 몸을 이완시키고 천천히 몇 차례 심호흡을 한다. 숨을 내뱉을 때는 약간 힘을 주어도 된다. 그러면 심리적인 안정을 찾을 수 있다.

② 부정적인 자극을 주지 않는다.

말할 때는 불안을 느낄 만한 부정적 자극을 피해야 한다. 예컨대 분명 실수를 저지를 거라는 생각, 갑자기 말문이 막히지는 않을까 하는 걱정 등이다. 이는 자신감을 끌어내릴 가능성이 높다. 그러므로 말할 때는 주의력을 자기 자신이 아닌 다른 곳으로 옮기는 게 매우 중요하다. 혹은 다른 사람의 말을 듣는 일에 정신을 집중하면 불필요한 긴장감을 풀 수 있다.

③ 지식을 많이 쌓아라.

때로는 자신의 지식 범위가 너무 협소해서, 혹은 현재 직면한 상황을 잘 이해하지 못하기 때문에 긴장에 빠진다. 평소 다양한 책과 신문 혹은 잡지를 읽어 시야를 넓히고 폭넓은 지식을 습득한다면 사교 장소에서 자신의 의견을 표현하는 데 어려움을 겪지 않을 것이다. 이는 자신감을 수립하고 긴장을 극복하는 데 도움 된다.

④ 주도적으로 많은 사람 앞에서 발언하라.

그룹이나 단체 회의에서 발언을 꺼리는 사람이 많다. 그들은 남들이 자신의 말을 듣고는 바보 같다 생각할까 봐 두려워한다. 그러나 일반적으로 사람의 포용력은 생각보다 넓기 때문에 이러한 두려움은 불필요하다. 사실 대다수의 사람은 이러한 두려움을 갖고 있다. 그러나 이를 극복하고 회의 등에서 큰 소리로 자신의 의견을 말하도록 노력해야 담화 실력을 높일 수 있고, 자신감을 가질 수 있다. 따라서 어떤 성격의 회의에서든 주도적으로 발언하라. 다른 사람의 의견에 대한 평가, 건의, 의견 제시도 좋다. 또한 회의나 모임의 막바지에 발언하려 하지 말고 용기를 내어 최초의 침묵을 깨는 사람이 되어라. 분명 당신의 의견에 동의하는 사람이 있을 것이다.

청중의 흥미를 불러일으키는 시작의 말

성공적인 연설에는 다방면의 요소가 작용한다. 특히 연설의 첫걸음인 시작의 말은 매우 중요한 요소다. '시작이 반'이라고, 적절한 시작의 말은 성공적인 연설의 절반일 뿐만 아니라 앞으로 나올 말 한마디 한마디의 운명을 결정한다.

아무리 긴 연설이라도 도입 부분의 몇 마디가 매우 중요하다. 뛰어난 말재주를 가진 사람은 항상 첫마디 말로 청중의 주의력을 사로잡는다. 그들은 그러지 못하면 이어지는 연설이 순조롭지 못할 것임을 잘 알고 있다. 연설가가 시작부터 청중의 흥미를 불러일으키지 못하면 연설에서 주도적인 위치를 차지할 수 없다. 그러므로 시작의 말은 참신하고 독특하며 지혜로워야 한다. 그래야만 비로소 청중에게 깊은 인상을 남기고 분위기를 장악할 수 있다.

상황에 맞는 독창적인 시작의 말은 청중의 흥미를 끌고 알고자 하는 욕구를 불러일으킨다. 이를 통해 연설가의 이야기를 계속 듣고 싶도록 청중의 마음을 사로잡는다. 청중의 주의력을 확보할 수 있을지, 자신의 이야기에 대한 흥미와 적극성을 불러일으킬 수 있을지가 바로 이 첫마디 신호에 달렸다. 러시아의 대문호 고리키는 말했다.

"연설에서 가장 어려운 게 바로 첫마디다. 음악회에서 전주를 듣고 곡 전체의 분위기를 알 수 있는 것처럼 연설도 첫마디에서 모든 것이 결정된다. 평소 공을 들여 연설의 첫마디 말을 강구해야 한다."

고리키의 말에서 우리는 두 가지 사실을 알 수 있다. 첫째, 연설에서는 시작의 말이 매우 중요하며, 둘째, 적절한 시작의 말은 장기간 경험을 쌓고 깊이 연구해야 한다는 사실이다. 훌륭한 연설가가 되고 싶다면 반드시 연설의 시작 부분에서 청중의 주의력을 끌어야 한다. 청중 모두가 흥미진진하게 당신의 이야기를 듣고 있다고 스스로 확신할 때 비로소 성공적인 강연으로 가는 첫걸음이 시작된다는 사실을 기억하라.

다음은 참고할 만한 시작의 말 노하우다.

① 이야기를 인용한다.

연설 도입부에 흥미진진한 이야기를 인용하면 청중의 흥미를 불러일으키고 자신의 생각과 관점을 고스란히 이야기 속에 녹일 수 있다. 이로써 함축된 연설 주제를 청중에게 전달해 연설의 진정한 목적을 달성할 수 있다.

② 명언이나 고사를 인용한다.

연설을 시작할 때 다른 사람의 말을 직접적으로 인용해 연설 주제

전개에 필요한 복선으로 삼을 수 있다. 유명인의 격언에는 사람들의 주의를 끄는 강력한 힘이 있다.

③ 청중의 궁금증을 유발하는 일화를 삽입한다.

누구나 호기심이라는 천성을 가졌다. 연설 시작 시 청중의 궁금증을 유발하는 일화나 물건을 사용하면 강렬한 흥미와 호기심을 끌 수 있다. 적절한 시기에 궁금증을 풀어주면 청중의 호기심은 충족된다.

④ 유머를 이용한다.

유머는 연설가의 지혜와 재능을 드러내주고 가볍고 즐거운 분위기에서 청중이 연설에 몰입하게 한다. 또한 어감과 어의를 십분 활용하면 연설의 도입부터 큰 웃음을 유발할 수 있다. 유머는 연설가와 청중의 감정 소통을 돕는다.

일화를
이야기하라

우리는 어릴 때부터 옛날이야기 등 다양한 일화를 들으면서 자랐기에 일화에 특별한 흥미와 감정을 느낀다. 연설에서 청중의 분위기를 리드하고 주의력을 끌기 위해 연설가는 일화를 적재적소에서 활용할 수 있다.

연설의 주제와 관련 있는 일화는 강력한 흡인력을 발휘한다. 또한 일화는 매력과 교훈을 담고 있기에 일화를 삽입하면 더욱 생생한 깨달음을 줄 수 있다.

강연에서는 무미건조한 말, 장황한 설명보다는 짧고 간결하며 생동감 있는 일화가 더 효과적이다. 이러한 일화는 청중의 마음을 파고들고, 그들에게 사고할 여지를 남겨준다.

희망공정(중국의 빈곤지역 학생 돕기 운동)의 발기인 세하이룽이 어느 학교에서 강연을 하게 되었다. 그곳은 소위 '귀족학교'로, 학생들은 모두 부유한 환경에서 자라고 있었다. 학생들이 참새처럼 수다를 떨어대자 셰하이룽은 큰 소리로 몇 마디 외쳤지만 소용없었다. 셰하이룽은 한 선생을 불러 전기 스위치를 꺼달라고 부탁했다. 강당이 돌연 깜깜해지자 학생들이 조용해졌다. 그 순간 셰하이룽이 슬라이드 영사기를 켰다. 은막에는 왕눈이(교실에서 눈을 크게 뜨고 카메라 렌즈를 응시하는 빈곤 지역 소녀의 애칭)의 사진이 나타났다. 학생들이 정신을 집중하고 있을 때 셰하이룽이 갑자기 질문을 던졌다.

"여러분의 집에는 사진기가 있습니까?"

모두 소리 높여 대답했다.

"있어요!"

셰하이룽은 또 물었다.

"그럼 사진은 찍을 줄 아나요?"

몇몇 학생이 입을 모아 대답했다.

"찍을 수 있어요!"

셰하이룽이 한 학생을 가리키며 물었다.

"한번 말해볼래요? 사진에 어떤 의미가 있나요?"

"사진은 추억을 남길 수 있어요."

"좋아요! 추억을 남길 수 있지요. 그럼 한번 봅시다. 선생님이 산속 아이들에게 추억을 남기기 위해 찍은 사진을."

그는 사진을 한 장씩 보여주면서 배움의 기회를 얻지 못한 아이들의 일화를 소개했다. 학생들은 금세 주의를 기울였고, 빈곤 지역 아이들에게 관심과 동정을 느꼈다.

세하이룽은 사진과 관련된 이야기로 엄숙하고 조용한 분위기를 만들었고, 학생들과 서로 공감할 수 있었다.

연설에서 일화를 이용하면 청중이 주제에 맞는 이미지를 형성하는 데 도움 되고 깊은 영향을 받는다. 또한 연설장의 분위기를 조절하고 청중의 흥미를 유발해 효과적인 연설을 할 수 있다. 노련하고 성숙한 연설가는 자유자재로 일화를 운용한다. 일화를 적재적소에 삽입하는 데 능숙한 전문가는 이를 통해 연설의 효과를 배가한다.

도구를 사용하면 연설은 더욱 생동감을 띤다. 연설의 주요 수단은 말이지만 연출적 요소를 빼놓을 수 없다. 연설의 3가지 기본 요소는 연설가, 청중 그리고 환경이다.

일반적으로 연설에서의 중요도는 보는 것 75퍼센트, 듣는 것 13퍼센트, 냄새를 맡고 체험하고 접촉하는 등의 행위 12퍼센트라고 본다. 연설가가 감정을 십분 활용한 목소리로 연설하면서 보조 수단으로 시각적 효과를 이용하면 연설의 효과를 더욱 높일 수 있다.

연설에서 도구는 무미건조한 강연을 더욱 생동감 넘치게 하고, 추상적인 것을 직관적으로 만드는 작용을 한다. 연설가는 도구를 통해 연설 내용에 진실성과 설득력을 더할 수 있다. 또한 연설 내용을 강조하여 청중이 연설가의 관점을 더 쉽게 받아들이고 이해하도록 돕는다. 청중 또한 더욱 연설에 집중할 수 있다.

연설에서의 도구는 요리에서의 재료다. 요리에서 어떤 재료를 얼마나 넣을 것인가 생각하는 것처럼 연설에서 사용할 도구를 강구해야 한다. 이때 연설의 주제와 관련된 도구를 선택해야 하며, 도구가 연설 주제 논증에 긍정적 작용을 할 수 있어야 한다.

완벽한 맺는말로
청중에게
연설을 기억시켜라

맺는말은 연설의 중요 구성 부분으로, 개인의 연설 기술을 드러낸다. 우수한 연설가가 남긴 마지막 말은 그가 퇴장한 후에도 청중의 귓가에 메아리치고 오래도록 기억에 남는다. 맺는말은 성공적인 연설로 향하는 마지막 걸음이기에 적절히 사용하여 유종의 미를 거두는 게 좋다. 맺는말을 적절히 사용하지 못하면 연설의 효과가 크게 떨어지고 청중은 실망한다.

맺는말은 연설에서 화룡점정의 작용을 한다. 광주리나 바구니를 만들 때 매듭이 중요한 것처럼 연설에서도 맺는말을 강구해야 한다. 맺는말은 잊을 수 없는 인상을 남기는 작별 인사와 같다. 청중은 이를 통해 연설 내용을 깊이 생각하고 자세히 음미할 수 있다. 따라서 청중의 감정을 격앙시켜 최고조에 달하게 하고, 청중의 머릿속에 강렬한 흥분을 일으킬 맺는말을 준비해야 한다. 이를 통해 청중에게 희망과 신뢰를 심어주고, 연설가와 청중의 감정 모두 한 단계 고양시켜야 한다. 또한 청중을 설득하고 연설의 뜻을 널리 퍼뜨리며, 교훈을 줄 수 있어야 한다.

맺는말은 매우 다양하며 딱히 방법이 정해져 있지는 않다. 연설가는 연설의 구체적인 시간, 장소, 주제, 청중 및 자신의 개성 등 다양한 요소를 고려해 적합한 맺는말을 찾아야 한다. 효과적인 맺는말로는 다음과 같은 것들이 있다.

① 유머러스한 맺는말

연설의 말미에서 청중의 웃음을 유도할 수 있다면 연설은 연설가와 청중 모두에게 유쾌하고 즐거운 기억으로 남는다. 이는 연설이 원만하게 종료되었음을 알려주는 상징이기도 하다.

② 시구를 인용한 맺는말

시구는 연설을 한 단계 승화시키기에 가장 적합한 도구다. 시구를 적절히 인용한 맺음말은 연설의 영향력을 상승시키고 그 의미를 되새겨 음미하게 한다.

③ 일화를 인용한 맺는말

맺는말에 깊은 의미를 지닌 일화를 곁들이면 청중은 긴 여운을 느끼게 된다.

④ 호소식 맺는말

이는 청중이 연설가의 말을 신뢰하고 행동에 옮기도록 하는 연설에서 특히 효과적이다. 연설가는 청중과의 공통적인 생각, 소망, 이익을 이야기하며 연설을 절정에 달하게 한다. 그런 다음 격앙된 감정과 심금을 울리는 연설을 통해 청중의 이성과 감정에 호소하는 것이다. 이로써 연설가는 청중을 격려하고 감화시키는 목적을 달성하고, 청중은 연설가의 의도와 자신의 구체적인 행동 방안을 명료하게 이해할 수 있다.

⑤ 총괄식 맺는말

연설의 말미에 간결하고 요점을 찌르는 말로, 이미 진술한 내용을 총괄하면 청중에게 더 깊은 인상을 남길 수 있다. 이때는 지극히 간명한 언어로 연설 내용과 관점을 정리하는 게 좋다.

⑥ 질문식 맺는말

연설의 말미에서 청중에게 질문을 던져 그들 스스로 생각하게 만드는 방법이다. 이러한 맺는말의 장점은 청중에게 참여의식을 갖게 하고, 깊이 생각하게 하며 감동을 줄 수 있다는 것이다.

이러한 반문에는 연설가의 의지가 잘 드러날 수 있고 청중의 마음을 사로잡아 호응을 이끌어낼 수 있다.

충만한 열정으로
청중의 공감 포인트를
찾아내라

역사적으로 중요한 성공은 열정이 있었기에 가능했다. 성공적인 연설에도 반드시 열정이 필요하다.

활력과 열정은 연설가에게 필수요소이다. 연설가가 청중의 감정을 완벽하게 좌우하려면 연설은 물론 실생활에서도 활력과 열정, 왕성한 기력을 유지해야 한다. 이는 모두를 끌어들이는 매력이자 개성의 바탕이 된다.

성공적인 연설을 위해서는 청중의 주의력을 집중시키고 항상 생동감을 유지해야 한다. 또한 사기 진작 차원에서 다양한 수단을 동원해 타인의 감정을 불러일으켜야 한다. 사람에게 가장 영향을 끼치는 요소는 이성이 아닌 감정이라는 사실이 이미 연구를 통해 밝혀졌다. 감정은 행동을 촉진시키고, 이성은 행동을 억제한다. 그러므로 연설가는 열정 충만한 언어로 청중의 감정을 폭발시켜야 공감대를 형성할 수 있다.

중국의 인문학자 위추위가 쓰촨대학교에서 강연했을 때의 일이다. 그는 깊은 감개가 담긴 목소리로 상하이의 음악학원에 몸담았던 친구의 죽음에 대해 이야기했다.

"친구가 가르쳤던 두 학생은 마침 외국에 있었는데 스승이 위중하다는 소식을 듣자마자 공연 계약을 파기하고 상하이로 돌아왔습니다. 스승을 위한 마지막 공연을 위해서였죠. 감정이 풍부한 상하이 사람들은 연주회 당일, 음악을 잘 모르는 사람까지도 표를 구입해 연주회를 들으러 왔습니다. 기자와의 인터뷰에서 한 초등학생의 학부모가 말했습니다. '아이들을 데려온 이유는 진정한 음악과 스승이 무엇인지 깨닫게 해주기 위해서예요.' 며칠 후 제 친구는 세상을 떠났고 인근 꽃집의 꽃은 전부 동이 났습니다. 친구의 병실에는 생화가 가득 쌓였고 심지어 병실로 가는 계단에도 가득했습니다."

이는 실화로, 청중은 상하이 사람들의 비통하면서도 숭고한 분위기를 고스란히 느낄 수 있었다. 청중의 마음은 감동적인 연설로 감화되었고, 강렬한 심리적 공감을 일으켰다.

카네기는 말했다.

"연설가가 굳은 신념으로 간절하게 호소하면 그의 연설은 분명 실패하지 않을 것이다. 정치나 경제 정책에 관한 연설이 아닌 개인적인 여행 감상에 불과하더라도 연설가의 마음속에 열정이 있으면 그의 말은 사람들의 마음을 움직이기에 충분하다. 연설가의 굳은 신념을 어떻게 표현할지는 중요하지 않다. 가장 중요한 사실은 그의 이야기에 감정이 담겨 있다는 것이다. 열정을 가진 연설가는 강력한 영향력을 지니고 있어서 만약 그가 무수히 실수하더라도 이는 그의 성공적 연설에 지장을 주지 못한다. 청중은 그의 실수를 충분히 이해해줄 것이고, 어쩌면 실수를 했는지조차 깨닫지 못할 수 있다."

연설가는 진실한 감정을 전달해야만 청중을 감동시킬 수 있다. 그리고 눈물과 피, 혼이 담긴 열정으로 부르짖어야 비로소 청중의 마음을 열 수 있다. 이렇게 청중의 마음을 뒤흔드는 사람만이 청중과 심리적 공감대를 형성할 수 있다.

누구나 감정을 가지고 있으므로 연설가는 감정을 이용해 청중의 마음을 움직여야 한다. 연설가의 마음에 열정이 충만한 순간, 연설장의 분위기는 가장 활기를 띠고 연설가와 청중의 감정이 조화롭게 교류한다. 연설 중에 이러한 순간이 자주 발생하면 연설가는 현장의 분위기를 제어할 수 있다.

타인의 상처를
건드리지 말라

사람을 때릴 때는 얼굴을 때리지 말고, 욕할 때도 아픈 곳은 들추지 마라지 않던가. 상대와 좋은 관계를 유지하려면 될 수 있는 한 상대를 이해하고 그 자존심을 지켜주어야 한다. 또한 상대의 아픈 곳을 건드리는 자극적인 말은 반드시 삼가야 한다.

한 나무꾼이 아기 곰을 구해주었다. 어미 곰은 엄청 고마워하며 어느 날 풍성한 음식으로 그를 정성껏 대접했다. 다음 날 아침, 나무꾼이 어미 곰에게 말했다.

"나를 이렇게 대접해줘서 정말 고마워. 그런데 네 몸에서 나는 냄새는 정말 참을 수가 없구나."

어미 곰은 기분이 나빴지만 말했다.

"그럼 대신 도끼로 저를 찍으세요."

나무꾼은 어미 곰의 말대로 했다. 몇 년이 흐른 후 나무꾼은 우연히 어미 곰을 만났다.

"상처는 다 나았니?"

그러자 어미 곰이 대답했다.

"상처는 일순간이었고 아문 다음에는 다 잊었어요. 그렇지만 당신이 한 말은 평생 잊을 수가 없네요."

자신에 대한 모욕을 말끔히 잊을 수 있는 사람은 없다. 설령 상대에게 은혜를 입었거나 좋은 친구라 해도 말로 인한 상처는 아물지 않는다. 한 번 내뱉은 말은 엎질러진 물과 같다. 그러므로 현명한 사람은 말을 입 밖에 낼 때 여러 번 고심하고, 자신의 말이 상대에게 상처일 수 있음을 명심해야 한다.

사람이 사는 데는 체면이 필요하고, 나무가 사는 데는 껍질이 필요하다. 누구나 자존심이 있고, 이를 지키려는 것은 인간의 천성이다. 출신, 지위, 권세, 풍모를 막론하고 누구나 다른 사람에게 언급되고 싶지 않은 부분이 있다. 이러한 부분이 바로 그 사람의 '지뢰'다. 타인과 좋은 관계를 유지하고 싶다면 최대한 그를 이해하고 자존심을 지켜주어야 한다. 그와 동시에 '지뢰'를 건드리는 말은 삼가야 한다.

사람들은 저마다 성장 과정도 다르고 결함이나 약점을 가지고 있다. 그것은 신체적인 것일 수도, 내면 깊은 곳에 숨겨진 과거의 일일 수도 있다. 이는 모두 건드려서는 안 되는 '부스럼'이자 사교 장소에서 피하고 싶은 문제이다.

자신의 상처를 건드리는 일을 흔쾌히 받아들일 사람은 없다. 그러므로 타인의 결점을 모욕적인 언사로 공격해서는 안 된다. 만약 당신이 상대의 아픈 곳을 건드리면 그는 분명 당신을 공격해 심리적 균형을 유지하려 할 것이다. 다른 사람의 단점을 건드리는 일은 상대에게 깊은 상처를 주고, 올바르지 못한 당신의 품성을 드러낸다.

한 중대가 영화를 찍게 되었는데 장비가 부족해서 기회를 놓쳐버렸다. 화가 난 대대장은 모든 병사 앞에서 중대장을 비난했다.

"도대체 어떻게 된 일인가? 이런 일도 제대로 처리하지 못하면서 전장에서 제대로 된 준비를 갖출 수 있겠나?"

중대장은 미안하게 생각하고 있었지만 부하들 앞에서 대대장의 매서운 질책을 들으니 체면이 서지 않았다. 그래서 대대장에게 대꾸했다.

"장비를 갖추지 못한 데는 다 이유가 있습니다. 자세히 알지도 못하시면서 왜 저를 비난하시는 겁니까?"

대대장은 순간 어이가 없었다. 평소 고분고분하던 중대장이 왜 이리 강경하게 대꾸하는지 알 수 없었다. 나중에 중대장은 솔직하게 말했다.

"대대장님께서 그렇게 많은 병사 앞에서 저를 질책하셨으니 앞으로 저는 무슨 면목으로 그들에게 명령할 수 있겠습니까?"

만약 대대장이 중대장을 뒤에서 질책했다면 그는 화를 내지도 않았을뿐더러 사심 없이 질책을 받아들였을 것이다. 대대장이 상대를 질책할 시기와 장소를 분별하지 못한 것이다.

'금(金)에는 완벽한 것이 없고, 사람 중에도 완벽한 사람은 없다'는 말이 있다. 누구나 결점을 가지고 있고 실수를 저지를 수 있다. 그러므로 타인과 대화를 나누거나 함께 일할 때 절대 상대의 단점을 폭로하거나 잘못을 직접 지적해 상대를 궁지로 몰아넣어서는 안 된다. 타인과 이야기할 때는 가능한 한 완곡하게 이야기하며 서로의 체면을 살펴야 한다. 그래야만 서로의 거리를 단축시키고 효과적인 대화의 목적을 달성할 수 있다. 관계 악화를 방지할 수 있음은 물론이다.

타인의 프라이버시는
마음속에 묻어두라

사람은 독립적 개체로서 자신만의 생각과 견해를 가지며 비밀과 프라이버시를 가질 권리가 있다. 타인의 프라이버시를 지키는 일은 타인에 대한 최소한의 존중이며, 당신 자신의 교양을 드러내는 것이기도 하다.

프라이버시란 개인의 존엄을 지키기 위해 혹은 다양한 이유로 타인에게 알리고 싶지 않은 사적인 일이다. 실수나 프라이버시가 사람들 앞에 적나라하게 드러나기를 누가 원하랴! 만약 그렇게 되면 누구나 난처함과 분노를 느낀다.

야뇨증을 앓는 남학생이 있었다. 오랫동안 치료를 했지만 별 효과를 보지 못해 스무 살이 넘도록 야뇨증은 계속되었다. 그는 고민이 이만저만이 아니었다. 룸메이트들도 그를 매우 동정하고 이해해주었다. 그는 룸메이트를 제외한 다른 사람에게는 자신의 병을 말한 적이 없었다. 그러던 어느 날, 장난을 좋아하는 룸메이트 하나가 같은 기숙사의 다른 학생들 앞에서 입을 잘못 놀리고 말았다.

"이 녀석 정말 가엾지 않니? 매일 밤 지도를 그려대니 아침마다 요를 말려야 되잖아. 도대체 왜 그런 걸까? 좀 참을 수는 없니?"

모두 큰 소리로 웃어대자 남학생은 얼굴이 창백해져서는 나가버렸다. 견딜 수 없을 만큼 부끄러웠던 그는 그날 기숙사에 돌아오지 않았다. 결국 모두가 그를 찾아 나섰고 호수에 몸을 던지려던 그를 붙잡을 수 있었다.

누구에게나 비밀이 있다. 타인과 격의 없이 이야기를 나눌 때, 아무리 기분이 좋아도 상대의 단점을 건드려서는 안 된다. 더욱이 상대의 프라이버시를 공개적으로 이야기하거나 웃음거리로 삼는 일은 절대 삼가야 한다. 장소, 상대, 환경, 대화 내용을 가리지 않고 타인의 프라이버시를 발설하거나 캐묻는 것은 비이성적이고 상대의 반감을 사는 행동이다.

프라이버시에는 개인의 감정이 구체적으로 드러난다. 개인의 감정 없이는 프라이버시도 없고, 프라이버시가 없으면 개인이라 할 수 없다. 프라이버시는 사생활의 합법성과 독립성을 인정하는 것과 다름없기에, 개인의 프라이버시는 마치 속옷과도 같다. 인간관계에서는 동성, 이성 모두 서로를 존중하고 프라이버시를 지켜야 한다.

양호한 인간관계를 원한다면 상대에게 사적인 공간을 남겨주어야 한다. 타인의 프라이버시를 들추려는 욕구를 억제하고 과도한 관심을 자제해야 한다.

종종 호기심을 참지 못하고 개인의 프라이버시를 캐묻는 사람이 있다. 이러한 질문은 쌍방의 대화를 난항에 빠지게 하고 그러면 두 사람의 거리는 멀어지게 마련이다. 그러므로 타인과 이야기를 나누다 상대가 밝히고 싶지 않은 화제를 발견하더라도 되묻지 않는 것이 좋다.

아무리 친밀한 관계라도 일정한 거리를 유지하는 편이 좋다. 친밀한 관계라면 프라이버시도 전부 이야기해야 한다는 생각을 버려라. 친밀한 관계일수록 서로의 프라이버시를 더욱 존중해야 한다. 제멋대로 타인의 프라이버시를 묻거나 떠들어대지 않는 것, 내면의 비밀을 추구하지 않는 것, 이것이 바로 타인에 대한 존중이다.

섣부른 말로
다른 사람에게
상처주지 마라

　세상의 번거로운 일의 절반은 적절하지 않은 말에서, 남은 절반은 어리석음에서 비롯된다. 부적절한 말과 어리석음이 초래하는 위해는 동급이다. 적절하지 않은 말을 하는 사람을 전부 어리석다고 치부할 수는 없지만 적절하지 않은 말을 하는 것은 분명 어리석은 일이다. 어리석은 말과 행동은 밀접한 관련이 있다.

　장은 친구 갑, 을, 병, 정을 식사에 초대했다. 을, 병, 정은 약속 시간에 맞춰서 나타났고 갑은 도착하지 않았다. 장이 시계를 보며 중얼거렸다.

"와야 할 사람은 왜 안 오는 거람?"

그러자 을이 불쾌한 듯 말했다.

"그럼 나는 와야 할 사람이 아니라는 거야?"

그는 말을 마치고는 그냥 가버렸다.

장이 한숨을 쉬며 말했다.

"이런, 가면 안 되는 사람이 가버렸군!"

병은 그의 말에 '을이 가면 안 되는 사람이라면 나는 가도 된다는 건가?'라고 생각해 말없이 가버렸다.

장은 더욱 조급해졌다.

"그를 보내려던 것이 아니었는데!"

정은 '보내려던 사람이 병이 아니라면 남은 건 나뿐이잖아' 하는 생각에 조용히 나가버렸다.

잠시 후 갑이 도착했다. 장은 탄식하며 말했다.

"가지 말아야 할 사람들이 전부 가버렸어."

갑은 장의 말에 자신이 가야 할 사람인가 싶어 떠나버렸다.

결국 손님은 전부 가버렸고 어쩔 줄 몰라 하는 장만 남게 되었다.

사람 사이에 호감이 생겨나기란 어렵지만 악감정은 쉽게 생겨난다. 한마디 말실수에 서로의 관계와 감정에 균열이 생길 수 있으므로 말할 때는 반드시 신중해야 한다. 혹시 말 한마디에 그렇게 전전긍긍할 필요가 있냐고 생각하는가? 어쩌면 입바른 소리가 아니겠냐고, 말을 조심하지 않아도 살아가는 데는 아무런 지장이 없다고 생각하는가? 그러나 세상일이라는 게 참 어렵다. 언젠가 당신은 신중하지 못한 말에 톡톡히 대가를 치를 것이다.

때로는 솔직한 말이 화를 초래한다. '세 치 혀가 육 척의 사람을 해친다'고 하지 않던가. 이는 아무 생각 없이 말을 내뱉지 말고 신중히 생각한 다음 이야기하라는 충고다. 그러지 않으면 신중하지 못한 말 때문에 재난을 겪으면서도 그 이유조차 깨닫지 못한다.

'모기가 부채에 맞아 죽는 이유는 입으로 사람에게 상처를 주기 때문이다'라는 말이 있다. 때로 아무렇게나 던진 한마디 말에 상대는 자존심에 상처를 입는다. 그러므로 타인과 교제할 때 절대 신랄하고 매몰찬 말로 상대를 비웃어서는 안 된다. 그것은 생각지 못한 재난을 불러올 수 있다.

일단 입 밖으로 나온 말은 되돌리기 어려운 법이다. 항상 심사숙고한 후 말해야 하며 해야 할 말과 하지 말아야 할 말을 가려야 한다. 언행이 신중하지 못해 타인을 곤경에 빠뜨리고 관계를 망가뜨리는 것은 자신에게도 불리한 노릇이다. 한순간 섣부른 말을 내뱉으면 언젠가 반드시 후회하게 된다.

지혜로운 사람이 되고 싶다면 입보다 마음을 더 쓸 줄 알아야 한다.

때와 장소를 가리지 못하는 농담은
타인의 반감을 산다

'한 번 웃으면 10년 젊어진다'는 말이 있다. 친구와 이야기를 나눌 때 상황에 맞는 농담은 긴장을 풀어주고 유쾌한 분위기에서 대화를 즐길 수 있으므로 매우 적절하다. 그러나 간혹 스스로 잘났다고 여기는 사람은 제멋대로 농담을 던져 친구를 불쾌하게 만들기도 한다.

자신은 농담이었을지라도 받아들이는 사람은 입장이 다르다. 만약 상대가 비교적 민감하다면 자신을 농담거리로 만들었다는 사실에 불만을 품을 것이고, 우정은 깡그리 사라져버릴 것이다. 농담은 정도를 지키지 않으면 좋은 효과를 볼 수 없는 것은 물론 상대를 난처하게 만든다. 이러한 농담은 안 하느니만 못하다.

일반적으로 적절한 농담이란 나중에 그 의미를 생각해도 다시 웃을 수 있을 정도로 유머러스해야 한다. 타인의 프라이버시를 침해하는 농담은 지나친 것이다.

농담은 장소와 대상을 가려야 한다. 지나친 농담은 조소로 변해 다른 사람을 조롱한다. 그러므로 타인에게 농담할 때는 반드시 정도를 지켜야 한다.

① 정색하고 농담하지 마라.

유머의 최고 경지에 오른 고수들은 자기는 웃지 않고 남들을 웃게 만든다. 만약 당신이 이러한 경지에 올랐다 해도 정색을 하고 농담하지는 말아라. 자칫하면 불필요한 오해를 살 수 있기 때문이다.

② 때와 장소를 가려라.

'기쁜 일이 생기면 정신이 맑아진다'는 말이 있다. 농담하기 가장 좋은 시기는 역시 상대의 기분이 좋을 때다. 혹은 상대가 사소한 일로 인해 화를 내고 있을 때 농담으로 상대의 기분을 풀어주는 것도 좋은 방법이다.

③ 대상을 분명히 하라.

백인백색이라는 말처럼 사람은 저마다 성격이 다르다. 농담하기 전에 먼저 상대가 농담을 받아줄 만한지 따져보라. 같은 농담이라도 이 사람은 웃을 수 있지만 저 사람은 웃지 않을 수 있다. 사람의 지위, 성격, 기분은 저마다 다르므로 농담을 받아줄 도량도 제각기 다르다.

일반적으로 후배가 선배에게, 부하 직원이 상사에게, 남성이 여성에게 쉽게 농담을 건네는 것은 바람직하지 않다.

동년배 사이에는 농담 전 먼저 상대의 성격과 감정을 파악해야 한다. 상대가 외향적이고 너그러운 편이라면 농담이 다소 지나치더라도 양해를 얻을 수 있다. 반면 내향적이고 소심한 상대라면 농담할 때 반드시 신중해야 한다. 상대가 평소에는 활발하더라도 불쾌한 일 혹은 슬픈 일을 겪고 있을 때는 농담을 건네서는 안 된다. 반대로 상대가 내향적이지만 기쁜 일이 있을 때 농담을 건네면 좋은 효과를 얻을 수 있다.

④ 타인의 결점이나 흠을 농담거리로 삼지 마라.

당신이 제멋대로 타인의 결점을 농담거리로 삼는다면 상대는 이를 신랄한 풍자라고 여길 것이다. 비교적 민감한 상대라면 아무 의미 없는 말 한마디에 화를 낼 수도 있다. 그러면 두 사람의 관계는 긴장을 맞닥뜨릴 수밖에 없다. 농담은 한번 내뱉으면 주워 담을 수 없고, 상대에게 진지하게 다시 설명해줄 수도 없다. 무리 속에 있을 때는 입을 삼가야 한다 신중하지 못한 말은 화를 부르고, 훗날 반드시 후회하게 된다.

삶의 윤활제 역할을 하는 농담은 즐거움을 주고 피로를 잊게 하며 감정을 증진시킨다. 그러나 농담할 때는 대상과 시간, 장소와 분위기, 내용에 주의해야 한다. 정도를 지킨 농담을 할 줄 아는 사람은 누구에게나 사랑받는다.

말의 품격을 높이되
상대가 이해하기 쉬운 말을 하라

이해하기 쉬운 말은 대화의 효과와 목적을 상승시킨다.

한 서생이 땔감을 사러 갔다. 그가 말했다.

"하신자(荷薪者. 땔감 파는 사람) 있는가!"

땔감 파는 사람은 '하신자'라는 말은 알아듣지 못했지만 누가 온 듯하여 밖으로 나왔다.

서생이 물었다.

"가격은 여하(如何)한가?"

땔감 파는 사람은 가격을 묻는가 하여 가격을 이야기했다.

그러자 서생이 말했다.

"외실하나 내허하고, 연다(煙多)하나 염소(焰少)하니 부디 손(損)하시게 (당신이 파는 땔감은 겉은 말랐으나 속이 습해서 태우면 연기만 자욱하고 불꽃이 작으니 가격 좀 깎아주시게)."

서생의 말을 이해하지 못한 땔감 파는 사람은 문을 닫아버렸다.

서생과 땔감 파는 사람의 생활환경과 교양에는 큰 차이가 있다. 그런데도 서생은 이야기할 때 굳이 어려운 말을 사용했고, 땔감 파는 사람은 서생의 말을 제대로 이해하지 못했다. 결국 쌍방의 거래는 이루어질 수 없음이다.

실생활에서도 이와 같은 상황이 많다. 상대가 이해하기 어려운 말을 남발하니, 소통 장애가 발생한다.

한 기업의 구매 담당 사원이 회사에 필요한 사무용품을 대량으로 구입하라는 지시를 받았다. 그러던 중 그는 지금껏 겪어보지 못한 상황에 맞닥뜨렸다. 그를 난처하게 만든 장본인은 우편물 분리함을 판매하는 영업 사원이었다. 구매 담당 사원은 그에게 매일 회사에서 수령하는 우편물 수량을 대략 알려주고 어떤 우편함이 좋은지 물었다. 그러자 영업 사원은 우쭐한 표정을 지으며 잠시 생각하더니 CSI라는 제품이 필요할 것 같다고 이야기했다.

"CSI가 뭡니까?"

구매 담당 사원이 물었다.

"뭐라고요?"

영업 사원은 딱딱한 말투로 되물었다. 말속에는 다소 비난의 의미가 담겨 있었다.

"손님 회사에서 필요로 하시는 우편함이요."

"그건 판지로 만들어졌나요, 아니면 금속이나 나무로 만들어졌나요?"

"음, 금속으로 된 제품을 원하시면 FDX가 적합할 겁니다. FDX 한 개당 NCO 두 개를 설치할 수 있어요."

"우리 회사에서 가끔 봉투를 출력해서 사용하는데 길이가 꽤 깁니다."

구매 담당 사원이 말했다.

"그러시면 NCO 두 개가 설치된 FDX를 보통 우편물에 사용하시면 되고, RIP가 장착된 PLI를 출력 봉투용으로 사용하시면 되겠네요."

구매 담당 사원은 살짝 화가 나는 것을 억누르며 말했다.

"이거 보세요. 당신 말은 참 알아듣기 힘들군요. 제가 사려는 것은 사무용품이지, 알파벳이 아니에요. 당신이 말하는 것이 그리스어, 아르메니아어 혹은 영어라면 우리 통역 직원을 동원해야 할지도 모르겠네요. 그래야 당신들이 판매하는 제품의 재료, 규격, 사용 방법, 용량, 색상, 가격을 제대로 알 수 있을 테니까요."

"아, 제가 말한 것은 저희 제품의 모델명이에요."

많은 사람이 소통할 때 습관적으로 혹은 과시욕에 전문 용어를 남발한다. 듣는 사람 입장에서는 무슨 말인지 모르기 때문에 소통은 교착 상태에 빠지기 쉽다. 전문 용어를 말해야만 하는 상황이라도 간단한 말로 치환하거나 전문 용어 뒤에 설명을 달아주어야 한다. 그래야 상대와 효과적인 소통을 할 수 있다.

사람은 저마다 연령, 교육, 문화적 배경이 다르므로 같은 이야기도 다르게 이해할 수 있다. 오늘날처럼 전문화, 분업화가 꾸준히 심화되는 사회에서는 각자 업계 전문 용어와 기술 용어 사용이 자연스럽다. 하지만 서로의 차이에 주의하지 않고 자신의 말을 모든 사람이 정확하게 이해할 거라고 생각해서는 안 된다. 남들이 쉽게 이해할 어휘를 사용해서 정보를 더욱 명확히 전달하고, 더욱 순조로운 소통을 도모해야 한다.

아무리 감동적이고 중요한 내용이라도 소통을 위한 최소한의 원칙, 즉 상대가 이해할 수 있는 언어를 사용하지 않으면 아무런 소용이 없다. 상대가 사투리를 알아듣지 못한다면 최대한 표준어를 구사해야 하고, 상대가 전문 용어나 학술 용어를 알아듣지 못한다면 상대에게 익숙하고 이해하기 쉬운 말로 치환해야 한다.

우리는 **상대가 이해할 수 있는 말을 사용해야 원활하고 성공적인 소통을 진행할 수 있다.** 모든 사람이 당신과 인식, 견해가 일치한다고 생각해서는 안 된다. 다양한 사람을 대할 때 우리는 상대에 맞는 소통 스타일을 선택하고 상대가 알아들을 수 있는 언어로 소통해야 한다.

불필요한 논쟁을
삼가라

　논쟁을 즐기는 사람이 있다. 그들은 한 가지 문제, 관점에 대해 목에 핏대까지 세우면서 첨예하게 대립한다. 논쟁에서의 일시적인 승리는 우월감을 가져다주지만, 실제로 얻는 것은 하나도 없다. 그 이유는 무엇일까? 상대의 논점을 공격해 그를 만신창이로 만들어 논쟁에서 승리하고 그 의견이 그르다는 사실을 증명했다고 치자. 과연 그것이 무슨 소용인가? 논쟁에서 승리한 당신은 득의양양할지도 모르지만 자존심에 상처 입은 상대는 분명 당신의 승리를 원망할 것이다. 또한 상대가 겉으로는 패배를 인정했더라도 속으로는 그렇게 생각하지 않을 수 있다.

　사람과 사람 사이의 논쟁, 특히 상대의 아픈 상처를 건드리는 논쟁은 불필요하다. 이것은 때로 승리감을 가져오겠지만 호감을 버리는 행위다. 인간관계에서 진정한 승리를 쟁취하는 방법은 불필요한 논쟁이 아니다.

논쟁은 어떠한 힘도 발휘하지 못한다. 얼굴을 붉혀가며 논쟁할 때, 사람들은 자신의 말이 상대를 상처 입힐 수 있음을 잊고 함부로 말을 내뱉는다. 논쟁이 벌어지면 절대 폭발하지 말고 인내심을 유지하자. 격정을 이성으로 억제해야 큰일은 작은 일이 되고, 작은 일은 없었던 일이 된다.

어느 날 밤, 데일 카네기는 연회에 참석했다. 그의 오른쪽에 앉은 사람은 농담을 하면서 '일을 계획하는 것은 사람이지만 이루는 것은 하늘이다'라는 이야기를 인용했다. 그는 이야기의 출처를 성경이라고 했지만 사실 이는 틀린 것이었다. 카네기는 의심의 여지가 없는 정확한 출처를 알고 있었다.

우월감을 드러내기 위해 카네기는 얄미운 태도로 그의 말을 지적했다. 그러자 그가 즉시 반박했다.

"뭐라고요? 셰익스피어 작품에 나온 말이라고요? 말도 안 돼. 절대 아니에요! 내가 인용한 말은 성경에 나온다고요."

그는 매우 자신감 있게 말했다.

카네기의 왼쪽에는 그의 친구 프랭크 가몬드가 앉아 있었다. 프랭크는 오랜 세월 셰익스피어의 작품을 연구한 사람이었다. 그들이 프랭크에게 의견을 구하자 프랭크는 테이블 밑에서 카네기를 발로 차며 말했다.

"데일, 이분 말씀이 맞아. 성경에 그런 말이 있어."

그날 밤 돌아가는 길에 카네기는 프랭크에게 물었다.

"프랭크, 너 그 말이 셰익스피어 작품에 나온 거라는 사실을 확실히 알고 있었지."

"그럼, 물론이지.《햄릿》제오 막 이 장에 나오는 말이야. 그렇지만 친구,

우리는 연회의 손님일 뿐인데 굳이 그가 틀렸다는 사실을 증명해야 하나? 그럼 그가 너를 좋아할까? 왜 그의 체면을 세워주지 않았나? 그 사람은 결코 너의 의견을 묻지 않았어. 그런데 왜 굳이 논쟁을 벌여? 그런 무의미한 논쟁은 피하고 볼 일이야."

일일이 논쟁을 벌여 무의미한 승리를 거둘 필요는 없다. 그런데 소란스러운 오늘날의 사회에서는 끊이지 않는 논쟁 속에 기꺼이 몸을 던지며 자신의 관점이 옳다고 주장하는 사람이 너무 많다. 그러나 그들은 논쟁의 결론을 평생 얻지 못할 것이다. 논쟁은 당신에게 아무런 의미가 없을 뿐만 아니라 당신 스스로 적을 만드는 일이다. 이는 당신의 인생에 어떠한 도움도 되지 않는다.

벤저민 프랭클린은 말했다.

"당신이 항상 논쟁과 반박을 한다면 때로는 승리를 얻을 수 있을지도 모른다. 그러나 그것은 공허한 승리다. 당신은 영원히 상대의 호감을 얻지 못할 것이기 때문이다."

거듭 말하지만, 논쟁에서의 승리는 무의미하다. 오로지 상대의 반감을 살 뿐이다. 타인과 논쟁하는 동기가 당신이 옳다는 것을 증명하고 자신을 위한 변명 때문이라면, 혹은 청중의 신뢰를 얻기 위해서라면 당신의 행동은 너무 이기적이다. 그러면 영원히 타인의 환영을 받을 수 없다.

남들과 논쟁을 벌이기 전에 먼저 한번 생각해보자. 나는 도대체 무엇을 원하는지? 전혀 무의미한 '표면적 승리'와 상대의 호감 둘 중에 말이다.

비즈니스관계에서도 고객과의 논쟁은 절대 타산이 맞지 않는 일이다. 싸움으로는 영원히 만족을 얻을 수 없다. 그러나 양보하면 바라던 것보다 더 많은 것을 얻을 수 있다. 현명한 사람은 논쟁을 피하는 것이 더 큰 이익임을 잘 알고 있다.

쓸데없는 말은 줄이고
요점만 이야기하라

　상대와 이야기를 나누다가 혹시 이런 느낌을 받은 경험이 있는가? 당신은 열심히 이야기하고 있는데 상대가 이를 듣고 있지 않거나 이해하지 못하는 것이다. 그 이유는 당신의 말이 요점에서 벗어났기 때문이다. 쓸데없는 말은 줄이고 요점에 맞는 말을 해야 비로소 상대는 당신의 말에 무게를 느끼고 반응하고 관심을 갖는다.

　요점을 말하기란 결코 쉬운 일이 아니다. 하나의 임무, 사정, 문제를 간결하고 명확하게 말하기란 치밀한 논리와 분명한 사고 없이는 불가능하기 때문이다.

　요점을 말한다는 것은 간결한 말에 완벽한 뜻을 담아야 한다는 의미다. 말할 때는 주제를 부각시키는 확실하고 명료한 한마디로 핵심을 찔러야 한다. 어떤 목적인지, 어떤 문제를 설명할지, 누군가를 혹은 어떤 일을 칭찬하거나 비판할지, 어떤 감정을 드러낼지 상대에게 무엇을 요구하고 요구하지 않을지를 모두 명확히 이야기해야 한다. 듣는 사람이 어리둥절할 정도로 지리멸렬한 말은 삼가야 한다.

미국의 대통령 트루먼은 평생 간결한 언어를 추구했다. 그는 말했다.

"한 글자로 설명할 수 있는 문제에 두 글자를 사용할 필요는 없다."

즉, 말 잘하는 사람은 말을 끊임없이 늘어놓는 웅변가가 아니라 '요점'을 정확하게 파악할 줄 아는 사람이다. 언어의 기술을 진정으로 이해하는 그들은 가장 간결한 언어로 요점을 표현하는 법과 가장 짧은 시간에 요점을 말하는 법을 잘 알고 있다.

간결한 언어는 사람을 유쾌하게 만든다. 사람들은 간결한 말을 좋아하고 쉽게 받아들인다. 반면 뜻이 모호하고 장황한 말은 대화의 목적을 이룰 수 없다. 간단명료한 말은 분명 적은 노력으로도 많은 효과를 거두게 한다. 그러므로 가장 간결한 언어를 사용해 최대한 풍부한 의미를 전달하도록 강구해야 한다.

제2차 세계대전 때 미국은 일본의 야간 공습을 걱정하고 있었다. 미국 정부는 전등 관제 명령을 발포했다.

"반드시 업무를 미리 준비해놓을 것. 무릇 내부 혹은 외부의 조명과 시정 거리에 있는 연방 정부 빌딩 및 모든 연방 정부가 이용하는 비연방 정부 빌딩은 일본군의 야간 공습이 시작되는 즉시 모든 조명을 소등할 것. 등불을 가리거나 조명을 차단해 암흑 상태를 조성할 것."

그 지령을 보고받은 루스벨트는 즉시 명령을 바꾸었다.

"사람들에게 실내에서 일할 때는 반드시 창문을 가리라고 하시오. 일하지 않을 때는 전등을 끄면 되오."

어떤 화법이 더욱 설득력 있는가? 첫 번째는 쓸데없는 소리를 너무 많이 늘어놓아서 듣는 사람이 부담스럽다. 반면, 대화식으로 표현한 루스벨트의 명령은 간단명료하고 직관적이다.

말은 하지 않아도 그만이지만 말을 한다면 반드시 이치에 맞아야 한다. 말하기 목적은 수준 높은 일장연설로 상대를 굴복시키는 것이 아니라 알리고자 하는 정보를 정확히 상대에게 전달하는 것이다. 설령 언사가 소박하고 꾸밈이 없어도 당신의 관점을 정확히 조리정연하게 표현한다면 당신의 말은 분명 상대의 마음에 그대로 닿을 것이다.

피리를 불 때는 구멍을 잘 막아야 하고, 북을 칠 때는 소리가 나는 지점을 쳐야 한다. 말 잘하는 사람은 종종 듣는 사람의 사고에 대량의 불꽃을 일으킨다. 정확한 말 한마디 한마디가 요점을 찌르고 다른 사람의 마음에 닿는다면 그 말은 자연히 역량을 발휘할 것이다.

요컨대 사람의 마음을 진정으로 움직이는 말은 간결하고 힘이 담긴 말이다. 그러므로 이야기할 때 반드시 간결의 원칙을 준수하고 한 글자 한 글자를 금처럼 아끼자.